一流の人が、他人に何を言われてもやらなかったこと。

千田琢哉
Takuya Senda

人生の価値を決める
「秘密の行動基準」40

清談社
Publico

一流の人が、
他人に何を言われても
やらなかったこと。

死ぬ気でやるなよ、
死んじゃうから。

プロローグ

他人に何を言われても、「報われない努力家」「無能な勤勉家」にはなるな。

サラリーマン時代に私は出世を2度断っている。

1度目は管理職になる前年であり、2度目は経営陣の仲間に入るつもりがあるか否かの〝踏み絵〟だった。

前者は私よりも先に入社した先輩社員たちを差し置いて出世をするか、出世を見送って、その分ボーナスを弾むかという直属の上司からの提案だった。

間髪を容《い》れずに私はボーナスを弾んでもらうことを選んだ。

より正確には「どちらがいい？」と言い終わる前に「ボーナスを弾んでくれ」と即答した。

目の前の上司は思わず絶句し、次第に込み上げてくる笑いを堪《こら》え切れずに爆笑したくらいだ。

念のため「ボーナスを弾んでくれ」と私が答えたのは周囲の先輩社員たちを気遣ったからではなく、独立のために少しでも蓄えが必要だと考えたからである。

実際にボーナスの額は前年度の3倍以上になり、その翌年には出世でも先輩社員たちをごぼう抜きした（まあ、これは私があれこれと依怙贔屓《えこひいき》されたからだ）。

後者は海外研修中に同じ部屋に宿泊した会社の重役から外食に誘われ、そろそろ食事を終えて店を出ようという頃合いに、急に改まってこう切り出された。

「今のお前の上司の○○を捨ててこちらにつくか、アイツと一緒に干されるか、好きなほうを選べ」

この時も「好きなほうを選べ」と言い終わる前に「干されるほうで」と即答した。

目の前の重役は思わず絶句して目が点になり、正気に戻った頃に「ほら、餞別《せんべつ》だ」と、切られていない状態の巨大キムパプ（韓国風海苔《のり》巻《ま》き）を追加で注文してくれた。

彼はストレスからのアルコール中毒でいつも顔色が悪く、胴回りにはどっぷりと分厚い脂肪がまとわりついていたが、この時ばかりはちょっとチャーミングだなと思い、思わず抱き締めてあげたくなったくらいだ。

今でもあの巨大キムパプをご馳走《ちそう》になったことは感謝している。

あの時の私の「干されるほうで」が直接の原因になったのかどうかは知らないが、その重役の出世街道はそこでピタリとストップして翌年会社を去った。

念のため「干されるほうで」と私が答えたのは、お世話になった直属の上司への律義さからではなく、単純に私の人生にはそんな暇はないと考えたからである。

私は大学時代から将来は文筆家として生きると決めていた。

それ以外の人生は考えたこともない（もし本を出せていなかったら、きっと今頃、私はゴルゴ13《サーティーン》かテロリストになっていただろう）。

そのためサラリーマンをやるのは最初から最長10年間だと割り切っていたし、自分がかなりのぬるま湯に浸《つ》かっているという事実も認識していた。

ぬるま湯に浸かっていた理由は極めてシンプルで、将来の出版を見据えて自分よりもはるか格下と思える集団に確信犯で飛び込んだからである。

幼児向けサッカー教室の試合に高校生の選抜メンバーが一人交ざっている状態をイメージしてもらうとわかりやすいだろうか。

大袈裟《おおげさ》ではなく周囲の10分の1未満の労力と時間で、標準的なレギュラーメンバーの2倍の成果を出していた（これは自慢でも何でもない。県内トップの進学校に通う生徒がそのまま県内最下位の底辺校に行けば、断トツの結果を出せるのと同じカラクリだ。この程度の話は水準以上の人であれば自慢とは受け取らないものだ）。

そうすることで膨大な暇を生み出し、優雅に思索に耽《ふけ》りたかったのだ。

暇でなければ知恵は絞れないし、将来の執筆のための黄金のネタも蓄積されない。

ぬるま湯で給料をもらいつつ、同時に新鮮なネタをかき集められるという仕組みが、当時の私にとっては最高のコストパフォーマンスだとわかっていたのだ。

仕事にはまるで興味はなく誇りも持てなかったが、将来のためにすべてを出版だけにフォーカスしてサラリーマンごっこを楽しく演じ、超上から目線で社内外の人間観察を堪能し、シュパッと完璧なタイミングで出版のチャンスをつかんで卒業した。

その結果、今ここにいる。

以上を読んで怒り心頭に発した人は永遠に何も成し遂げられないし、一生成功者に対する愚痴・悪口・噂話《うわさばなし》に明け暮れてご臨終だ。

それではきっと地獄行きだろう。

人間社会のご都合主義でその都度でっち上げられる善悪ではなく、虚心坦懐《きょしんたんかい》に自然の摂理に則《のっと》れば強者は美しく、弱者は醜いのである。

この紛れもない事実はいくら強調しても足りないくらいだ。

私はこれまでにとてもここで名前を挙げられないほどの一流の人々と一緒に仕事をさせてもらったし、密室で胸襟を開いて薫陶を受けてきた。

よく巷《ちまた》の自己啓発書やインターネットでは「ナントカ社長の推薦!!」「○○先生も絶賛!!」といった類いのコピーを見かけるが、あれらはすべて各業界で嘲笑の対象になっているような四流の人々だ。

本当に一流の人たちは絶対にその種の醜態を晒《さら》さないし、強い嫌悪感を抱く。

いちいちあちこちで醜く、卑しくしゃしゃり出ることなく、黙って本業で淡々と実績を出し続けているのが真の一流なのだ。

今回、私はそうした本物の一流の人々から直接教わった1次情報のみを公開するために本書を執筆した。

多数決で一般的に善と洗脳されている〝嘘《うそ》〟や〝建前〟ではなく、一流の人たちか

ら見て「でも、本当はこうだよ」とされている本物の知恵を披露した。

たとえば「死ぬ気で頑張ります！」と連呼する輩《やから》は多いが、一流の人は決してそんなバカなことを本気で考えてはいない。

「お前如《ごと》きが死んだところで、死体が臭うだけだ」と一笑に付されるのがオチだ。かつての私のように、何かのポーズでそう口にしたり演じたりすることはあるかもしれないが、まさか本心からそのような愚かなことは微塵《みじん》も考えていない。

真に一流の人なら本心では100％次のように考え、行動し続けているものだ。

「死ぬ気でやるなよ、死んじゃうから。どうせなら殺す気でやれ」

これはある競技の世界チャンピオンから直接教わった教訓を、私が他分野の一流の人々に演繹《えんえき》（一般的前提から個別的結論を導き出すこと）的に確認し続けた結果、浮き彫りになった真理である。

反応は様々だったが、全員例外なく首肯したという点では見事に一致していた。真面目な努力家たちの中には拒絶反応を示す人もいるかもしれないが、それは仕方のないことである。

なぜなら成功するとか一流になるのは極めて少数派の世界の話なのだから。

圧倒的多数の人は成功できないし、一流でもないまま人生を終える。

つまり多くの人は成功できずに一流でもないまま終わりそうな自分のショボい人生を正当化するために、善悪という道徳で軟弱な我が身を卑しく守っているだけなのだ。

かつてフリードリヒ・ニーチェは『道徳の系譜』で、圧倒的多数の弱者のルサンチマン（弱者の強者への嫉妬、復讐心《ふくしゅうしん》）をくすぐるために道徳は悪用されたと洞察した。

自然の摂理では「強者は美しい」「富者は善」なのに、ウジャウジャいる弱者を支配するために確信犯で「弱者こそ美しい」「富者は悪」と価値観を転倒させたのだ。

本書を読む前提として、まずあなたはこれから極めて少数派の価値観に触れようとしているという事実を念頭に置き、さらに少しばかりの勇気を出してもらいたい。

そうすればきっと、「報われない努力家」「無能な勤勉家」から脱皮し、心から生きる悦《よろこ》びを享受できる人生に一歩近づけるだろう。

本書がその布石になれば幸甚である。

2023年9月吉日　南青山《みなみあおやま》の書斎から　千田琢哉《せんだたくや》

PART 1
一流の人が、他人に何を言われてもやらなかった「日々の仕事術」

PART 2

一流の人が、他人に何を言われてもやらなかった「時間の使い方」

PART

3

一流の人が、他人に何を言われてもやらなかった「お金の使い方」

PART

4

一流の人が、他人に何を言われてもやらなかった「勉強術」

PART 5

一流の人が、他人に何を言われてもやらなかった「人間関係術」

PART

1

一流の人が、他人に何を言われてもやらなかった「日々の仕事術」

01 請われてもいないのに教えない。

私が経営コンサルタント時代に気づかされた最大の知恵は「教えたがり屋さんは貧乏人になる」というものである。

想像しやすいと思うが、相手から請われてもいないのにホイホイ教えていると、経営コンサルタントは商売にならない。

もともとサービス精神旺盛な私は後に師となる名経営者から、ある日こう指摘された。

「千田君、そんなに簡単にホイホイ教えてはいけないよ。

相手は感謝するどころかバカにするし、いいように利用されてポイ捨てされちゃう

から。

うちの会社の幹部がまさにそうした連中ばかりさ。

彼らは全員高学歴で頭脳明晰《めいせき》だけど、何でもかんでも私にペラペラ話すからいいように使われるままだ。

私はただ彼らを褒めているだけ。

あれだけの頭脳の持ち主だからいずれ謀反を起こされるとずっと心配していたけど、杞憂《きゆう》だった。

彼らは認めてもらうだけでお腹《なか》いっぱいになれる人種なのさ」

その言葉通り彼は私がホイホイ教えたアイデアを具現させ、大都市に巨大施設を展開して大成功を収めている。

私にはこの「請われてもいないのに教えてはいけない」という知恵を授けてくれたのだから、感謝することはあっても恨むことなど何もない。

今でも密室で極秘情報を交わす仲が続いている。

その知恵を授かって以来、私は急に寡黙になった。

請われてもいないのに教えないと、いいこと尽くしだった。

経営コンサルタントの仕事に限らず、人生すべてにおいて運が良くなり、毎日が大フィーバー状態になったのだ。

まず、教わる側ではなく教える側に立てるから先生として扱ってもらえるようになる。

相手が請うてきた時に初めて最低限の知恵をチラ見せし、それ以上は話さない。

相手がお金を払う場合か、もしくはそれ相応の敬意を表した場合のみ知恵を授けるのだ。

この上下関係は絶対に覆さないようにできるのも強烈なメリットになるだろう。

次に、長話をせずに済むから時間の節約になる。

会話の間《ま》を埋めようと相手は一方的に話し始めるが、あなたは適当に聞き流しておけばよろしい。

絶対にあなたから間を埋めないことだ。

間を埋めた途端、格下になってしまう。

あくまでも間は格下に埋めさせるものなのだ。

訥弁《とつべん》のくせに無理に間を埋めようとすると、もはや絶望的で、自らのポジションを下げた挙げ句、失言し、揚げ足を取られてご臨終だ。

多く話したほうが負けである。

ここだけの話、私はこの知恵だけで一生分稼がせてもらったし、地位を維持してきた。いちいち暴力を振るうまでもなく相手を瞬殺できるから極めてお得だろう。

01

一流の人が、他人に何を言われてもやらなかったこと。

ペラペラ話すと、いいように使われる。

02

儲けようとギラギラしない。

なぜ歩合制のセールスに一流はいないのか。

なぜ中小企業の経営者に一流はいないのか。

それはギラギラしているからだ。

人は儲《もう》けようとギラギラした瞬間、四流が確定するのである。

「稼ぐ」という言葉が口癖になっている輩は多いが、「稼ぐ」という言葉の響き自体が一流ではなく、下流の言葉だ。

これは善悪を超越した自然の摂理である。

美しいものは美しいし、醜いものは醜い。

シンプルだけど、それだけのことだ。

かつて経営の神様はこう言った。

「お金は美しく稼がなければならない」

私がこれまでに出逢《であ》ってきた一流の人々は例外なくお金の稼ぎ方が美しかった。

決してギラギラしていなかった。

歩合制のセールスや中小企業の経営者がどうしてギラギラした腕時計や奇抜な服装をしているのかと言えば、学歴がないからである。

学歴がないと人はギラギラさせることで自分の低学歴を補おうとするのだ。

だが、それだけはやめたほうがいい。

高学歴というのはお金では買えないからこそ価値があるのであって、お金で買える腕時計や奇抜な服装をしたところで低学歴が高学歴に勝てるわけではないのだ。

それどころか負けがより際立つだけである。

歩合制のセールスや中小企業の経営者で年収を1億円稼いだところで、高学歴には敵《かな》わないのだ。

仕事というのは勉強と違って自分の得意分野で勝負できるし、世の中には認知されている職業だけで3万種類以上もある。

つまり、バカでも選り好《え》みをしなければ仕事はあるし、得意なことであれば誰でも稼げるようになっているのだ。

以上の事実は一流の世界で暗黙知となっている。

「仕事はできて当たり前」「お金くらい稼げないで何をやっているの？」という言葉が密室で飛び交っているのは、生まれつきの知能がモノを言う勉強と違い、仕事やお金を稼ぐことは誰でもできることだと完璧に洞察されているからだ。

以上の事実が見事にバレていることを知って、赤面した歩合制のセールスや中小企業の経営者もいるだろう。

大切なことはこれまでどうだったかではなく、これからどうするかである。

自分がいつまでも四流で見下されるのは、儲けよう、稼ごうとギラギラしているからなのだ。

儲けよう、稼ごうとギラギラしていると嫌われるのは、その人が世間から奪う人だと認定されてしまうからである。

奪う人には世間は社会的地位を与えないし、いつまでも四流のレッテルを剥がさない。

四流のレッテルを剝がしたければ、たとえ低学歴でもギラギラしないことだ。

きちんと学歴に見合った低姿勢を貫き、与える人だと印象づけることで四流から脱出しよう。

02

一流の人が、
他人に
何を言われても
やらなかったこと。

自分の低学歴を補おうとしない。

03
「あの客」と言わない。

これは四流の人や会社にありがちなのだが、バックヤードで「あの客」という言葉が飛び交っていると、もうその時点でお先真っ暗だ。

少なくとも同じ空間内にいる一流や一流予備軍の人々とは絶縁されるし、残った四流の人々がお互いに下げ合って殺し合い、組織を消滅させるだろう。

これもまた自然の摂理である。

上場企業でもその種の会社は珍しいことではなく、多くの場合、犯罪や汚職でニュースを賑《にぎ》わせる。

舞台裏を知っている経営コンサルタントからすれば、「やっぱり」という感想しかない。

言葉遣いというのはそれほど大切なものであり、そのまま思考に直結する。

「あの客」という言葉が飛び交っている組織は、トップの脳みそがそうなっている証拠だ。

トップの脳みそから「あの客」という言葉が生じると、側近の脳内にも「あの客」という言葉が芽生える。

あとは中間管理職や平社員、最終的にはパートやアルバイト、受付の社員まで「あの客」という顔をするようになり、この時点まで放置すると、もはや再生は不可能である。

パートやアルバイト、受付の社員が社長の脳内の本音を世間に向けて惜しみなく発信し続けてくれるからだ。

自業自得とは、まさにこのことである。

ここだけの話、私は間接的にそれらの会社を社会的に抹殺したことが何度かあり、今でも良いことをしたと自分で自分を褒めてあげたいくらいだ。

気が向いたら、またそのうちやってみたいと思っている。

たとえば、たまたまメンバーの一人としてあるプロジェクトに入っていたが、自分の担当ではないからという理由で「あの客」呼ばわりする社風をあえて指摘しなかった。

他をどれだけいじってもこういう本質を押さえておかないと、組織というのは何も変わらないものだ。

案の定、プロジェクト終了後1年も待たずしてその会社は倒産した。

複数の会社がこうして終焉《しゅうえん》を迎えているので特定はできないが。

翻って、あなたやあなたの会社はどうだろうか。

「お客様は神様だなんてもう古い」という言葉に甘えて、「あの客」呼ばわりしてはいないだろうか。

別に「あの客」呼ばわりだけに限らない。

お客様をぞんざいに扱っている言動は、必ず何倍にもなってあなた自身やあなたの会社にブーメランとして返ってくることだけは忘れてはいけない。

この程度の世の中のカラクリはまともな脳みその持ち主であれば、20代までには気づかされているものだ。

03

一流の人が、
他人に
何を言われても
やらなかったこと。

言葉遣いは、そのまま思考に直結する。

令和のこの時代にあえて言おう。

「お客様は神様である」と。

誰も口に出しては教えてくれないが、最前線の販売員や接客をするスタッフよりは学歴も地位も高い方々がお客様なのである。

お客様以前に、人としての格が上なのだ。

理解できなくても暗記しよう。

04

自信がないからといって雑魚同士で群れない。

会社員であろうとなかろうと、絶対に注意しなければならない知恵がある。

普段から隣に座らせる人間をきちんと選んでおけということだ。

あなたが意識しているか意識していないかにかかわらず、世間というのはあなたの隣にいる顔ぶれであなたの格を決めている。

これは想像してみればすぐにわかるはずだ。

あなたの隣にいつも大臣や日銀総裁がいれば、あなたは偉人と見なされるし、あなたの隣にいつもしがないサラリーマンがいれば、あなたは雑魚と見なされる。

ここに議論の余地はない。

実際には一流の人は大臣や日銀総裁すらも隣に座らせずに、一人でいることが多いが。

一流であるということは、孤高であるということだ。

少なくとも隣に雑魚を座らせているようではあなたの人生は暗い。

「差別はいけない」「人はみな平等である」というのはもちろん弱者を傷つけないための建前であり、一流の世界では「差別はすぐそこにあるものであり、人はみな平等ではない」という自然の摂理から目を背けない。

一流の世界では間違って雑魚が紛れ込んでくると、完全犯罪で空気の如く姿を消す術を習得しているものだ。

遅ればせながら私もこの術を習得し、雑魚が話しかけてきたらお手洗いに行くふりをしたり、かかってきてもいない携帯電話に話しかけながら行方不明になったりしている。

あなたも一度試してみるとわかるが、結構楽しいものだ。

脱サラして起業したのに失敗するパターンとしては、自分に自信がないからと言って雑魚同士でつい群れてしまうことだ。

私の元同僚にもこの種の輩は掃いて捨てるほどいる。

群れるという発想が脳に湧くということは弱いということだ。

弱い雑魚同士が群れてもシナジー効果（1＋1＞2）は生まれず、お互いに足を引っ張り合いながら空中分解するのは目に見えている。

儲かる自信がないなら、まず一人でやらなければならない。

それが起業するということであり、人とお金を集める体質作りなのだ。

「何でも一人で抱え込まないほうがいいよ」「大切なのはチームワークだよ」というのは、そう囁《ささや》くことで自ら暴利を貪ろうとしている四流たちの常套句《じょうとうく》である。

そうやってすぐに甘い言葉に便乗して自分の無能さを忘れようとするのが、雑魚の特徴なのだ。

自信がないからこそ、一人でやってみるのだ。

一人でやってみるとありのままの実力が浮き彫りになり、もう雑魚と傷を舐《な》め合うのは嫌になるだろう。

へこたれずに何度も挑戦し続けてようやく小さな成功をつかんだ頃に、仲間は集まるのである。

ここは大切な部分なので、もう一度強調しておこう。

仲間は無理に集めるものではなく自然に集まるものだ。

仲間が集まらないということは、あなたに魅力がない証拠である。

04

一流の人が、他人に何を言われてもやらなかったこと。

あなたの格は隣にいる顔ぶれで決まる。

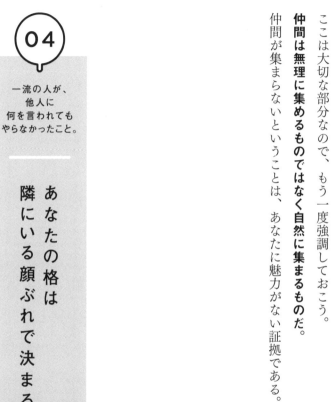

05

入学大学が早慶旧帝大未満の分際で「バリキャリ」を自称しない。

ここ最近、「バリキャリ」を自称する輩が増えてきた。
バリキャリとは「バリバリ働くキャリアウーマン」の略だが、それではわかりにくい。
というより、こういう輩特有の甘えが漂ってくる。
バリバリ働く看護師はバリキャリなのか?
違うだろう。
バリバリ働く医師はバリキャリだろうが、看護師はバリキャリではない。
建前ではなく本音としては、キャリアとはまず入学大学を含めた華麗な経歴のこと

だ。

経歴のスタートとしていちばん目立つのは学歴だ。

より正確には「入学大学」のことである。

この入学大学がダサければ、その上に何を積み上げようが、キャリアにはならない。

つまり、ノンキャリである。

仮に総理大臣になったとしても、入学大学がダサい人のことを本音では誰もキャリアとは思わない。

大学を出ていない田中角栄《たなかかくえい》や成蹊《せいけい》大学出身の安倍晋三《あべしんぞう》のことをエリートだと本心から思う一流の人はまずいないはずだ。

そのくらい入学大学というのはキャリアの要なのである。

では、キャリアというのは何大学に入学した人物のことを言うのか。

もちろん東京大学のことだ。

どんなに妥協しても早慶（早稲田《わせだ》・慶應《けいおう》）か北海道大学・九州大学以上の大学だろう。

官界や指定国立大学の顔ぶれを見ていれば一目瞭然だ。

それ未満はキャリアではない。

以上はあくまでも一流の世界における暗黙知であり、誰が何を名乗ろうが、どんな手で承認欲求を満たそうが、すべて自由である。

善悪の問題ではなく美学の問題だ。

巷ではＭＡＲＣＨ《マーチ》（明治・青山《あおやま》学院・立教《りっきょう》・中央・法政《ほうせい》）、関関同立《かんかんどうりつ》（関西《かんさい》・関西《かんせい》学院・同《どう》志社《ししゃ》・立命館《りつめいかん》）や駅弁大学（戦後に設置された新制国立大学）以下の出身者がバリキャリを自称していることも珍しくないが、もちろん一流の世界からは相手にされないだろう。

喜んで相手にしてくれるのは同じく自称バリキャリに憧れる実質ノンキャリウーマンと、それを直接的にも間接的にも利用して稼がせてもらい、勝ち逃げを企《たくら》む四流のオッサンくらいのものである。

いっさいの綺麗事《きれいごと》を排除すると、キャリア組とノンキャリ組は公務員の世界だけではなく、あらゆる世界で最初から決まっている。

その要になるのが「入学大学」であるというごく当然の事実を私はここでお伝えしているに過ぎない。

これは日本だけではなく欧米もそうだし、中国や韓国も同じだ。

水準以上の経済国であれば人口約１５００万人につき一流大学は１つ設置されてい

ることが多い。

その計算だと日本では8つの一流大学が存在することになるが、旧7帝国大学（東京・京都・北海道・東北・名古屋《なごや》・大阪・九州）＋αがそれに該当すると言えよう。

お隣の韓国は日本よりもはるかに熾烈《しれつ》な受験戦争を展開しており、SKY（ソウル大学・高麗《コリョ》大学・延世《ヨンセ》大学）以外はエリートとしていっさい認められない。

イギリスとフランスではトップ4、アメリカではトップ20までが一流大学であり、それ未満だとエリートとは見なされない。

以上がありのままの現実であり、善悪を超越した自然の摂理なのだ。

05

一流の人が、他人に何を言われてもやらなかったこと。

キャリアとは入学大学を含めた華麗な経歴である。

06

単なる起業を「スタートアップ」と美化して悦に入らない。

「スタートアップ」という言葉が流行《はや》ってすでに久しい。猫も杓子《しゃくし》もスタートアップ、スタートアップとほざいているが、本当の意味を理解しているのだろうか。

その辺の青果店やラーメン店をやっている連中が起業家や職人を気取っているのと同じで、単なる起業のことをスタートアップと思っているのであれば四流確定である。

スタートアップには複数の定義があるが、甘えを許さないためにあえて言わせてもらうと、5年以内に年商1000億円を突破してIPO（新規上場株）を果たすことだ。

どんなに妥協しても10年以内だろうか。

それ以外はスタートアップでなく、単なる中小企業のオヤジだ。

年商10億円の会社のことを大企業と呼ぶ人々もいるが、私の定義で大企業とは下限で資本金300億円、年商3000億円、正社員3000人以上の東証プライム上場企業だ。

このように一流の世界では世間の常識や模範解答ではなく、一流独自の基準ですべてを判断している。

念のため一流の世界とは財界だけではないことをお忘れなく。

資本主義下では財界は重要だが、頂点ではない。

世の中には学界・官界・法曹界など様々な世界があり、それぞれに序列がある。

その序列も公にはなっていないが、暗黙裡《あんもくり》に決まっているものだ。

だから私立文系の学生によく見られるような、「就活がすべて」といった価値観はもうそれだけで軽蔑の対象になる。

東京大学を中心とした旧帝国大学では、民間企業への就活は学者や公務員を断念した学生が歩むコースである比重が（少なくとも私立文系の学生よりは）高い。

早慶の比較でも「慶應のほうが就活は強い」というのは四流出版社の分析であって、

早稲田は公務員志向が強いことを見落としている（慶應の出身者が故意に見落としているのかもしれないが）。

いずれにせよ実態や真実を知らずに四流の基準でカタカナ語を連呼していると、真正のおバカに見えるから要注意だ。

スタートアップに限らず、弱者を慰めるための造語は一流の世界では常軌を逸するほどに嫌悪感を抱かれる。

特に平成の後期や現在の令和になってからその傾向が強まっている気がするのは私だけではあるまい。

インターネットがその後押しをしているのは間違いないが、どんな雑魚でも主役を気取れるようになってしまった。

20年前なら単なる落伍者《らくごしゃ》だったのに、インターネット上だとヒーロー、ヒロインになれることもある。

理由は同じく落伍者が急増しており、同じく負け犬同士の血が騒ぐからだろう。

過激で捨て身の下品な行為が下流の遺伝子の持ち主たちに響き、血沸き肉躍るのである。

もし、あなたの周囲にスタートアップ、スタートアップと連呼するバカが近づいてきたら、距離を置くだけではなく自分もその程度だと反省すべきだ。

06

一流の人が、
他人に
何を言われても
やらなかったこと。

カタカナ語を連呼するとおバカに見える。

07

利益より、蓄積。

仕事で大切なのは利益であることくらい誰でも知っているだろう。

利益が出ない仕事は単なる趣味であり仕事とは呼ばない。利益が出せていない人は、まずその壁をぜひ突破してもらいたい。

本書はそのノウハウを書くのが目的ではないためこれ以上述べないが、利益を出すことは仕事においてスタートラインである。

一流の世界では利益は出せるという前提で仕事の話が進む。

利益の先には何があるかと言えば、蓄積なのだ。

これは業種を問わず一流の世界ではすべてに共通するだろう。

私自身も利益より蓄積を優先できるように、さっさと生涯賃金を稼ぎ終わっておいた。

一流の世界の師たちが全員そうしていたから、その真似《まね》をしただけである。

生涯賃金を稼ぎ終えて老後の心配をなくしておくと、もう生きるために仕事をしなくてもいい。

これが真の自由だ。

サラリーマンの何がつらいかと言って、自分よりも格下の年上に対して敬語を使ったり、愛想笑《あいそわら》いをしたりしなくてはならないことだろう。

インターネットか何かで若手社員が上司に対して、「ちぇっ、MARCHの分際で偉そうに」と言ったという記事を読んだが、正直でよろしい。

いずれそういう時代が到来するだろうことは私が20代の頃から薄々気づいていたが、ついにここまで来たかと笑ってしまった。

ただ、その若手社員はもうその組織では出世できないし、生きていけないだろう。

ぜひ、起業して成功してもらいたいと切に願うところだ。

ひょっとしたら読者の中にも将来は独立したいと考えている人もいるかもしれない

が、最初に成し遂げてもらいたいのは、サラリーマンの生涯賃金をさっさと稼ぎ終えてしまうことである。

そうすると人生の景色が一変するだろう。

もう我慢とは無縁で自分の好きなことだけを好きな人だけとできる人生になる。

そうすると私が述べている「利益より、蓄積」の意味がわかるはずだ。

私は38歳で目標としていた生涯賃金を稼ぎ終わったが、それ以降の仕事の目的は蓄積第一主義となった。

私のキャリアや能力に蓄積できない仕事は引き受けないと決めたのだ。

これは私のような文筆業であれば誰もが首肯するが、本を出し続けるということは、成功を重ね塗りしている状態だ。

そもそも商業出版（作家に印税を支払う出版）のハードルは高く、1冊出すだけでも難しい。

中小企業のオヤジが大金を積んで自費出版や共同出版（作家に出版費用の一部を負担させる出版）するのとはわけが違う。

それはバカな成金が寄付金をばらまいて名誉博士を買い漁《あさ》るのと同じく醜い行為だ。

1冊出すだけでも難しい商業出版を2冊、3冊……と出し続けるのは成功の重ね塗り以外の何物でもないだろう。

文筆業に限らず他の世界の一流の人々も同じだった。

彼ら彼女らは毎日淡々と成功の重ね塗りをしているだけであり、ひたすら蓄積していたのだ。

07

一流の人が、
他人に
何を言われても
やらなかったこと。

キャリアや能力に蓄積できない仕事は引き受けない。

08

善悪より、美学。

ここまで読み進めてきたあなたなら大丈夫かと思うが、少々過激な知恵を授けよう。

悪用しないように本心と良心に基づいて自分流にアレンジしてもらいたい。

一流の世界では善悪などの道徳論はほぼ語られることはない。

例外的に道徳論を熱く語るのは公の場でスピーチをする時くらいのものだ。

なぜなら大衆は道徳論が大好きであり、自分が格下であることを忘れさせてくれる時間を好むからである。

道徳は人にとって大切なものだが、熱く語るのはいけない。

それはシンプルに醜いからだ。

道徳論は幼稚園児が語っても、ニートが語っても、フリーターが語っても、平社員が語っても、部長が語っても、社長が語っても、大統領が語っても正しい。

つまり、退屈なのだ。

頭の悪い人ほど自分の頭の悪さを隠蔽する手段として道徳論を熱く語りたがるが、それはバレバレだから金輪際やめたほうがいいだろう。

特に一流の世界で道徳論を熱く語る人間が迷い込んで来たら、即刻出入り禁止になるだけではなく永久追放確定だ。

しがない中小企業や社会的地位の低いブラック企業に限って道徳的で高尚な理念を掲げているものだが、実体が伴っていないどころか逆になっており、社会的にもそれが露呈してきたのは周知の事実である。

それらの会社の経営者は自分の醜い本音を美辞麗句で隠蔽しようとしていたが、もう隠し切れなくなってしまったのだろう。

だから私はこっそり囁いておきたい。

道徳論を熱く語る人間はすべて偽物だと。

何かあるとすぐに道徳論を前面に出す人間も信用してはならない。

すでに述べたように、道徳論は誰が述べても正しいのだから、反論の余地がないのだ。

つまり、その相手は道徳論を盾にしてあなたを封じ込めようとしている意地汚い偽善者なのである。

一流の世界では何を重んじるのか。

それは美学である。

というよりも、美学がすべてなのだ。

美学というのは無知蒙昧《もうまい》な大衆には理解できないけれども、わかる者にはわかる世界である。

美学は美辞麗句のような薄っぺらいものとは対極であり、一見すると悪と受け取られかねないほどだ。

私の場合は「タブーへの挑戦で、次代を創る」が美学である。

おためごかしや社交辞令は私の美学の対極であり、それらとは接点すらない。

これは道徳的ではないかもしれないが、道徳をはるかに超越している概念だと自負している。

芸術家は言うまでもなく、ありとあらゆる一流の人々は何かしらの美学を持っており、それに反する仕事は断じてしない。

たとえ世間的には悪と見なされても、それはそれだ。

江戸《えど》時代の絵師である伊藤若冲《いとうじゃくちゅう》は「具眼《ぐがん》の士《し》（自分の価値がわかる人）を千年俟《ま》つ」と述べたが、私もそのつもりで本書を執筆している。

08

一流の人が、他人に何を言われてもやらなかったこと。

誰でも語れる道徳論を語らない。

一流の仕事は
ゴルゴ13に学べ。
詭弁《きべん》で誤魔化さず、
黙って結果を出せ。

PART

2

一流の人が、他人に何を言われてもやらなかった「時間の使い方」

09

時給で仕事をしない。

サラリーマン時代に頭の悪い上司が、よく「時給で考えろ！」「時給を上げろ！」と連呼していた。

新入社員だった当時は「そんなものかねー」と適当に聞き流していたが、次第に時給で考えるのはナンセンスだということが理解できるようになる。

時給という考えが通用するのは誰でもできる単純作業だけであり、これからはＡＩ（人工知能）にすべて奪われるだろう。

一流の世界では時給という概念などいっさいなく、生まれてから今日までの集大成がお金に反映し、しかも複利で雪だるま式に増え続けるのだ。

パブロ・ピカソには次の有名なエピソードがある。

ファンの女性から「絵を描いてほしい」と言われて、30秒かそこらでサッと描き上げて100万ドルを請求したのだ。

驚いた女性に彼はこう説明した。

「この絵は私の30年と30秒の結晶です」と。

一流の世界ではこれは常識である。

当たり前過ぎてあくびが出るほどだ。

よくヴァイオリニストに「弾いて、弾いてー」とやらかす雑魚がいるが、あれは絶対にやめたほうがいい。

ヴァイオリニストがちゃんと弾けるようになるまでに、何十年かかったのかを考えない無知蒙昧な輩に聴かせる曲などどこの宇宙に存在しないのだ。

これは経営コンサルタントをしていた私も同じだった。

「千田さん、千田さん、お知恵拝借」と媚《こ》びながら、わずか数千円の菓子折り如きで無料コンサルを受けようとする連中には、完全犯罪で奈落の底に叩《たた》き落としてやったものだ。

大学時代の家庭教師のアルバイトでも延長料金を支払わない家庭では、高校受験では通用しても大学受験では絶対に通用しないように数学を教え込んでやった。

今なら私に無料で文章を書かせようとする連中には絶対に完全犯罪で復讐を果たすと決めている。

あまり知られていないが、一流の世界とはそういうものなのだ。

ピカソの例を思い出してもらいたい。

たとえ30秒で完成させたように見える小品でも、それは数十年と30秒なのであり、さらにはそのプロの才能にも敬意を払うべきなのだ。

これが理解できない人間とは同じ地球上に住んでいたとしても、わかり合えるはずがない。

姿形は同じ人類に見えても、そもそも同じ人間ではないのだから。

現在の私の仕事はこうして本を執筆する以外にも、音声ダウンロードサービス「真夜中の雑談」とＰＤＦダウンロードサービス「千田琢哉レポート」といった、コンテンツビジネスを展開している。

いずれも一度コンテンツを吹き込むと、時間が経《た》てば経つほど放っておいても課金される仕組みだ。

これが生まれてから今日までの集大成がお金に反映し、複利で雪だるま式に増え続けるということである。

何も難しい話ではない。

09

一流の人が、他人に何を言われてもやらなかったこと。

無料コンサルを頼む人には教えない。

10

「時短」「早帰り」に騙されない。

一般大衆向けには非常識であるがゆえに驚かれるかもしれないが、「時短」「早帰り」に騙《だま》されてはいけない。

支配者たちは国の方針に従うふりをして、実は残業代カットで人件費の大幅削減のために便乗しているのであり、サラリーマンのためを思ってそうしているのではない。

バカはすぐに「やったー！」とはしゃいでそのままポイ捨てされるが、利口は必ずこうした違和感を大切にする。

そもそも将来、何かの分野で一流になる人間が、「時短」や「早帰り」にお手軽に乗っかるはずがないではないか。

これは私自身もそうだったが、1秒でも惜しんで将来の出版について知恵を絞り続けたものだ。

書く仕事は人知れず何でもやったし、100人中99人が素通りするようなことでも食らいついて執拗《しつよう》に思考した。

まさに人生すべてを将来の執筆につなげるように仕向けていたのである。

まるで自分が劇場にいる観客のように、周囲の事象をすべてネタにしてやろうと貪欲に生きていた。

今振り返っても、あれ以上準備できたとは思えない。

もし私が自分と同格以上の人材の会社に入社していたら、あのようにどっぷりと準備はできなかったし、今の私はなかったと断言できる。

私に限らず、他分野で活躍するプロたちも「時短」や「早帰り」といったフレーズには見向きもしないはずだ。

それらはどこの国の話だろうか、あるいはどこの星の話だろうかというくらいに、縁のない概念だからである。

現在の私は人生のすべてをコンテンツ作りとその磨き込みにフォーカスしているが、

よく考えて見ると、これは20代の頃からずっと同じだ。

私は書斎にいても、テーマパークに行っても、帰省しても、誰かと話していても、筋トレしていても、セックス中でも、食事中でも、睡眠中でも、いつもどこかでコンテンツにつなげるように生きているのだ。

換言すれば、そうじゃない人がいるということが不思議である。

すべてを仕事につなげているのではなく、勝手に、自然に、すべてが仕事に流れ込んでいくイメージだ。

別にそうするように努力をしているわけでもなく、気がついたらそうなっているのである。

私の知人の会社経営者の中には、世の中に対する不満をそのまま解決するサービスを次々に提供し続けて大成功している人が多い。

ある店でカチン！　と来るサービスを受けたら、その店を潰すための会社を作って全部成功させている人もいた。

いずれも一流の世界ではおしゃれな行為である。

一流の世界は決して嘘で塗り固めた偽善の世界ではなく、むしろ人間臭くて喜怒哀

楽があり、本音をベースに生きる世界なのだ。

お互いが優雅にウイットに富む会話を心から楽しんではいるが、いざ喧嘩《けんか》となれば情け容赦もない。

10

一流の人が、他人に何を言われてもやらなかったこと。

「お手軽」には乗らない。

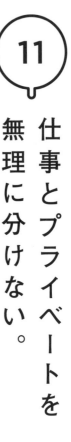

11 仕事とプライベートを無理に分けない。

よく理解できないかもしれないが、落ち着いて読んでもらいたい。

一流の世界では仕事とプライベートの区別はない。

すべてが仕事であり、すべてがプライベートなのだ。

シームレスなのが一流の世界である。

これには社会人駆け出しの頃の私も驚いた。

仕事とプライベートをきちんと分けてこそプロだろうという気持ちがどこかにあったからだ。

だが成り金や四流の下品な自称お金持ちたちはともかく、本物の一流の人たちは例外なく仕事とプライベートを一体化させていたのである。

たとえば家族旅行に行くにも、仕事につなげるか、勝手につながっていた。

この感覚が理解できるだろうか。

サラリーマンの感覚で、出張を旅行のように楽しむという小細工ではない。

本当に家族旅行と仕事が自然につながるのだ。

そこにはいやらしさの欠片《かけら》もない。

私自身の人生で言えば、プライベートの出来事はすべてネタになるし、執筆やコンテンツ作り以上の娯楽は私にはないから人生すべてがシームレス状態になっていると言えよう。

ここだけの話、嫉妬対策のためあまり大きな声では言えないが、ジェフ・ベゾス氏にも、イーロン・マスク氏にも、村上春樹《むらかみはるき》氏にも、大谷翔平《おおたにしょうへい》選手にも、勝るとも劣らない幸運な人生を歩ませてもらっている。

もう一度生まれ変わっても、千田琢哉になりたいくらいだ。

すべてはこれまでに出逢った各世界の一流の人々のおかげである。

私がこうして文筆家として活動しているのは、間接的に恩返しをしているという役割もあるのだ。

なぜなら、これまでの人生で私はあまりにも幸運に恵まれ過ぎてきたし、多くをもらい過ぎてきたからである。

私から直接一流の人たちに恩返しをするなどおこがましいから、こうして不特定多数の人に向けて授かった知恵を披露しているというわけだ。

きっと他の著者で私と同じような内容を披露している人はまずいないだろう。

もしこの先出現するとしたら、それはきっと私が突破口を開いたものを大丈夫か否かチェックして、石橋を叩いて渡る人物に違いない。

そうした人物が出現したとすれば、それもまた間接的な恩返しをしたことになるからそれでいいのだ。

仕事とプライベートを一体化させるなんて夢のような話だと思う人もいるかもしれないが、これからはありのままの現実になるだろう。

というよりも、すでに20代を中心に仕事とプライベートを一体化させて人生を謳歌《おうか》している成功者は続出しているではないか。

たとえばユーチューバーとして成功している人はその好例だろう。

趣味の旅行や料理を共有することにより、経済的にも時間的にも自由になっている人は増えている。

もちろん次はあなたの番である。

A or BではなくA and Bの人生を創造してもらいたい。

11

一流の人が、
他人に
何を言われても
やらなかったこと。

「きちんと分けてこそプロ」ではない。

12

1日24時間で生きない。

これまた非常識な話になるが、どうか落ち着いて読んでもらいたい。

「1日24時間をいかに使うか」という発想は一流の世界にはないのだ。

何を言っているかわからないだろうが、これは本当の話である。

私自身も目覚まし時計を手放してからすでに15年以上が過ぎたが、睡眠時間はその日の気分によってコロコロ変わる。

これは決して不規則な生活をしているという意味ではなく、眠くもないのに眠らないだけの話である。


眠くなったら寝て、起きたくなったら起きるという自然の摂理に則った人生を送っ

ているだけだ。

断言できるのは、目覚まし時計を使っていた時よりも明らかに健康に良くて毎日が快適だということである。

毎日決まった時間に寝て、毎日決まった時間に起きるのが正解とされるのは、そうしないと生きていけない奴隷の正解であり、王様に当てはまる正解ではないのだ。

自分の人生を奴隷として生きるか、王様として生きるのかはあなたが決められる時代になった。

それにもかかわらず自ら率先して奴隷コースを選ぶ人がいまだに多いのは何とも不思議な話である。

こうした知恵は学校の先生やあなたの親は絶対に教えてくれないだろうが、奴隷コースの延長に王様コースは存在しない。

奴隷コースの延長には奴隷の長コースが存在するだけである。

奴隷の長も奴隷も王様から見れば同じく奴隷だ。

王様コースを歩みたければ、まず奴隷コースから逸脱しなければならない。

会社に勤めているのなら、会社を辞めなければ王様コースは歩めないのだ。

当たり前だが。

どっちの会社の格が高いか、どっちの会社の給料が高いかとサラリーマンたちが激しくマウンティング合戦を繰り広げるのは、我々王様から見ると、どっちのお屋敷が広いか、どっちのお屋敷の待遇がいいかと召し使いたちが涙ぐましいマウンティング合戦するのと何ら変わらない。

あなたはせっかく奇跡的にこの恵まれた国と時代に命を授かったのだから、王様コースを選ばないか、という提案をしたいのだ。

あらゆる先入観を取り払って考えてもらいたい。

まだ眠いのに起きなければならないなんて、何のために生きているのだろう。

眠ければ二度寝でも三度寝でも好きなだけすればいいのに、どうして身体《からだ》に鞭打《むちう》って会社に行かなければならないのか。

奴隷としてそう洗脳されているだけではないのか。

食べたくないのに無理に集団ランチに誘われて、本当は昼寝したいのに眠い目をこすりながらポーズでも仕事をするふりをしなければならないのは、生きているのではなく本当は死んでいるのではないだろうか。

一流の世界では、そうした嘘を演じる必要は一つもないのだ。

12

一流の人が、
他人に
何を言われても
やらなかったこと。

毎日決まった時間に寝起きするのは奴隷である。

13

ズル休みをしてでも睡眠は妥協しない。

サラリーマン時代の私が真っ先にやっていたことは、「隠れ家」探しである。隠れ家とはサボる場所のことだ。

新卒で入った会社では地下鉄を隠れ家にして昼寝していた。

大阪の地下鉄「千日前線《せんにちまえ》」は何百往復させてもらったかわからず、本当にお世話になった。

毎日一日乗車券を購入し、外回りを装って電車に揺られながら爆睡し、一部の車掌とも知り合いになり、「社長、終着駅ですよ」と起こされたことも何度かある。

転職先の会社では自宅そのものを隠れ家にするために会社の裏側にアパートを借り

た。

新米のペーペーのうちから上司に直談判《じかだんぱん》してフレックスタイム制の許可をもらっていたため、心置きなく好き放題に熟睡できたものだ。

今でもその上司には感謝している。

思えば、高校時代も睡眠はいっさい妥協しなかった。

どのくらい妥協しなかったかと言えば、あと1回でも欠席どころか遅刻したら50年ぶりの留年が確定するくらいに、だ。

私にとってはあらゆる理由を凌駕《りょうが》してでも睡眠を優先すべきだという信念がある。

これはたとえ磔《はりつけ》の刑にされても妥協できない。

現在の私があるのも、これまでズル休みをしてでも睡眠は妥協しないというスタンスを貫いてきたおかげだと確信している。

人生において私がいちばん望むのは妥協なき睡眠であり、それ以外はすべてオマケなのだ。

こうして優雅に本を執筆していられるのも妥協なき睡眠の結果であり、睡眠が「主」で、それ以外は全部「従」と考えている。

現在の私の書斎は100%睡眠を中心にセレクトしたものであり、遮光性や防音は言うまでもなく、通勤時間ゼロという完璧な環境だ。

書斎の面積も私が本心からいちばん快適だと思える広さにした。

宇宙の中でこの空間以外はあり得ないと思えるほどに。

以上はすべて一流の世界から学んだことだ。

一流の世界には誰一人として睡眠を疎《おろそ》かにしている人間はおらず、全員が常軌を逸するほどに睡眠を大切にしていた。

そんな彼ら彼女らを目の当たりにするたびに、私の信念は揺るぎないものになったのである。

現在の首相はどうか知らないが、睡眠不足のリーダーを絶対に信じてはいけない。

目の下にクマを作り、疲労が顔に出ているようなリーダーは必ず決断を誤り、国や組織を衰退に導くのだから。

これにはもはや例外はないだろう。

翻って、あなたはどうだろうか。

「寝ていない」「睡眠不足」を自慢にするような悪魔の下で働いてはいないだろうか。

13

一流の人が、
他人に
何を言われても
やらなかったこと。

睡眠不足のリーダーを信じない。

あなた自身がいくら睡眠を重んじていても、周囲の環境が睡眠を疎かにするようであればお先真っ暗である。

あなたの寿命はどんどん蝕《むしば》まれ、日々スローモーションの殺人の被害者となっていることに早く気づくべきだ。

14 気乗りしない仕事は自分でやらない。

たとえば私のような文筆業では思考が遮られるのがいちばん苦痛だ。

これは文筆業に限らずクリエイティブな職業全般に言えることだと思うが、たとえ数秒でも思考が遮られると殺意を抱くほどだ。

他の職業の人にこれをわかりやすく説明するために、登山をイメージしてもらいたい。

せっかくエベレストの頂上付近まで来たのに、「宅配便ですよー」「ご飯ですよー」と呼び出されて、また下山するようなものだ。

あるいは潜水をイメージしてもいい。

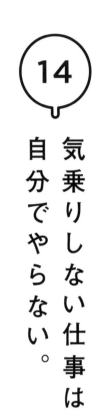

せっかく海溝付近まで来たのに、「おい、会議やるぞ」「電話ですよー」と呼び出されて海面まで浮上するようなものだ。

このストレスが理解できるだろうか。

今回初めて告白するが、サラリーマン時代に私がいちばんの拷問だったのは毎月2回の会議の日だった。

経営執行会議という名のリーダーが集う場に毎月2回、強制参加させられて、私はその2回しか出社していなかったため、あちこちからお声がかかって話しかけられる。

普段はメールでやり取りしているだけで済むが、対面となれば途端に話が長引く。

これが私には苦痛だった。

相手は私から学ぶものがたくさんあるだろうが、私は彼ら彼女らから学ぶものが非常に少ないからだ。

要は「どうしてそんなに少ない労働時間で、あんなに稼げるのですか？」という質問を、婉曲的《えんきょくてき》な表現を駆使しながらあの手この手で引き出されたのである。

この種の迷惑行為は加害者には悪気はないだろうが、被害者は完璧に洞察している。

そうした無能な加害者に限って、「人生はギブ、ギブ、ギブ、ですよ」と真顔でほざいたりするから始末に負えないのだが。

私が独立をして幸せを感じたことの一つに、あの毎月2回の出社日をゼロにできたことがある。

雑魚と戯れる拷問から解き放たれると、こんな天国が待っているのかと心臓の鼓動が高ぶったものだ。

独立前に一流の人々から異口同音に教わっていたのは、「気乗りしない仕事は自分でやってはいけないよ」という知恵だった。

確定申告の書類作成が面倒で嫌なら税理士という召し使いに丸投げすればいいし、雑用が嫌なら秘書や鞄《かばん》持《も》ちを雇えばいい。

一流の人々は例外なくそうしており、自分しかできない仕事に人生のすべてをフォーカスさせていたものだ。

私はただそれらの真似をしているだけである。

現在の私が気乗りしない仕事と言えば文章の編集や校正であり、これらはすべて周囲が嬉々《きき》としてやってくれているから精神的にも肉体的にも楽ちんだ。

SNS（ソーシャル・ネットワーキング・サービス）もすべて仲間やファンが能動的に

やってくれており、私自身は何もやっていない。
私は自分のなすべきことをなし、周囲は周囲のなすべきことをなしている。
こんなに美しい生き方があるだろうか。

天国と地獄は死後に待っているのではなく、すでにこの世に存在している。

14

一流の人が、
他人に
何を言われても
やらなかったこと。

思考を遮る作業は拷問である。

15 強制されて休憩しない。

休憩タイムが定められている会社は今でも多いだろう。

あれは奴隷として躾《しつけ》をするための支配者側の戦略である。

少し考えてもらいたい。

休憩は自分が好きな時に自由に休むからこそ休憩なのであり、「おい、休んでもいいぞ」と許可をもらうのは、どの角度から見ても休憩ではなく尻尾を振る飼い犬と同じではないか。

概してキャリア組（総合職）は自由に休憩できることが多く、ノンキャリ組（一般職）は休憩時間を定められていることが多いのは、支配者側の信頼によるものだ。

早慶旧帝大以上の出身者は放っておいてもきちんとやるだろうが、早慶旧帝大未満の出身者は放っておくとサボるだろうと最初から信用してないのである。

これは差別ではなく区別であり、残念ながら概して正しいと言わざるを得ない。

まあ、昔の私のように放っておいても、束縛しても、サボる人間はサボるものだが。

少なくともキャリア組（総合職）を束縛するとろくなことにはならず、ノンキャリ組（一般職）を放置するとこれまたろくなことにはならない。

前者は能力を発揮できなくなるし、後者はただでさえ低い能力で悪いことを企むからである。

水準以上の人であればそんな事実には気づいているものだし、一流の世界ではその事実に気づいていない人などただの一人もいなかった。

これは団塊世代の一流の人から異口同音に教わった話だが、**早慶旧帝大以上だと「伝えたことの101％以上のことを理解している」のに対して、駅弁・MARCH・関関同立だと「伝えたことの7割か8割が理解されているといいなー」という感じらしい。**

これが日東駒専《にっとうこません》（日本《にほん》・東洋《とうよう》・駒澤《こまざわ》・専修《せんしゅう》）、産近甲龍《さんきんこうりゅう》（京都産業・近畿・甲南《こうなん》・龍谷《りゅうこく》）ク

ラスになると「きっと伝えたことの大半が理解されていないだろう」という前提で仕事を進めないと大変なことになると漏らしていた。

それ未満となると、推して知るべし。

この知恵を私自身の経験に虚心坦懐に当てはめると、点で見ればいくつかの例外はあるものの、点の集合である面で見れば概して正しいと言わざるを得ない。

さすが一流の知恵だとうなってしまう。

換言すれば、一流になりたければ強制されて休憩しないことだ。

もし今の環境が休憩を強制されているのであれば、その場所を去るしかない。

「そんなの無理です！」「生活費はどうすればいいのですか？」という発想がつい頭から漏れてしまうようでは、いつまで経ってもノンキャリ組（一般職）のままであり、一流には程遠い人生を歩むしかないだろう。

私のように新米のペーペーのうちから、ありとあらゆる手段を使って自由は勝ち取るものである。

現在の私は休みたくないのに休むことはないし、休みたくなればいつでも好きな時に自由に休む。

誰かに気を使ってあくびを我慢することもない。

15

一流の人が、
他人に
何を言われても
やらなかったこと。

「休んでもいいぞ」と許可を
もらうのは、飼い犬と同じ。

16 目覚まし時計で起きない。

一流の人生を歩んでいるか否かの指標の一つに、目覚まし時計がある。

目覚まし時計で起床している人は一流ではない。

もちろん例外的に年に何度か必要になることもあるが、基本的に目覚まし時計を使用すること自体はレアケースだ。

すでに述べたように私も目覚まし時計は使っていないし、毎日目覚まし時計に起こされる人生なんてもうあり得ない。


目覚まし時計に起こされるのは囚人と同じであり、奴隷根性が全身の細胞に染み渡る危険な習慣である。

どうして起きたくもないのに起きなければならないのか。

それはあなたが支配される側であり、支配する側ではないからだ。

それ以外の理由はすべてこじつけである。

まずはこの現実を受容することだ。

目覚まし時計で起きなくても済むためにはどうすればいいのか。

一つは自分が王様になり、自分の好き放題に生きることである。

これはシンプルだけど難易度が高い。

それはそうだろう。

自分が王様になるためには個人で類い稀《まれ》なる才能を発揮して成功を収めるか、気の遠くなるような運と年月を費やして組織でトップに上り詰める以外に方法はないのだから。

いずれあなたにはどちらかの人生を歩んでもらいたいが、今すぐにでもできる方法がないわけでもない。

それは体内時計を活用することだ。

嘘偽りなく体内時計を駆使すれば、ほぼピッタリの時間に起床することができる。

もちろん、この場合はきちんと自分にとって最適な睡眠時間と体調を把握しておくのが前提だが、頭の中でアナログの時計の針をイメージしておくといい。

たとえば朝の6時に起床したいとしよう。

あなたにとってのベスト睡眠時間が8時間なら夜の10時、7時間なら夜の11時に就寝することだ。

ちょっと疲れている場合には微調整すると、自分の体内時計がきちんと働くようになる。

大切なのは寝る前にアナログの時計の針を脳内できちんと起床時間に合わせて眠ることだ。

何やらおまじないのような話だが、本当に効果的なのでお試しあれ。

以上見てきたように、いかなる理由を凌駕してでも目覚まし時計を手放すことにより、あなたは確実に王様の人生に近づくことになる。

なぜなら、もしこの先、目覚まし時計を強要するような人や組織に遭遇したら、途端に嫌悪感を抱いて逃げ出したくなるからだ。

この場合は自然の摂理に則って、ぜひ逃げ出してもらいたい。

16

一流の人が、
他人に
何を言われても
やらなかったこと。

支配から逃げることから逃げてはいけない。

王様の人生を歩みたければ、逃げることから逃げてはいけないのだ。

睡眠に限らず逃げるという行為は極めて積極的な行為であり、私も生理的に受け付けないことに遭遇したら、そのたびに逃げてきたものだ。

四流の人々がなぜ四流のままで人生を終えるのかと言えば、逃げることから逃げ続けた結果、そうなったのである。

奴隷をやめたければ、奴隷であることから逃げればいい。

好きなことに没頭して
いつの間にか眠っている。
もうこれ以上眠れないと
自然に目が覚める。
これが一流の人生だ。

PART

3

一流の人が、他人に何を言われてもやらなかった「お金の使い方」

17 「楽をして儲かる話」に乗らない。

低学歴を中心とした四流の人には「楽をして儲かる話」が三度の飯より好きなおバカさんが多い。

誠にいやらしい話だが、この現実から目を逸《そ》らすわけにはいかないのであえて述べるが、大学受験でも私立文系専願組というのは理数系科目を回避した〝知的負け犬組〟だ。

一流の世界ではよくこの話題に触れられるが、一般大衆の前ではあえて口にしないことが多い。

だが、この事実はいくら強調しても足りないくらいである。

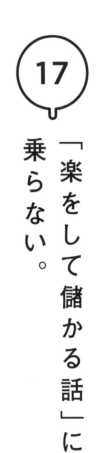

そうした私立文系専願組を中心とした低学歴が安易な自己啓発書にハマるとどうなるか想像に難くない。

また「楽をして儲かる話」に引っ掛かるのである。

その典型がネットワークビジネスだろう。

ここ最近は最低でも1年間、場合によっては数年間の時間をかけて友だちのふりをされ、とことん利用されまくってご臨終というパターンが多い。

私は文筆家として業界では有名な大手ネットワークビジネスのカリスマ二人と対談したことがある。

もちろん将来のネタ作りのためだ。ひょっとしたら今でもインターネット上に彼らはドヤ顔で掲載されているかもしれないので、ぜひ検索してチェックしてもらいたい。

ネットワークビジネスのカリスマはいくら年収が高くても自分の社会的地位は最底辺という現実を熟知しており、私のような表舞台で活躍している若手と対談し、弱い子ネズミたちに「あの千田琢哉と俺は知り合いだぜー」と自慢して暴利を貪るのである。

これが四流の手口だ。

カリスマの学歴は駅弁・MARCH・関関同立クラスを中心に、エリートになりたくてもなれなかった連中が多い。

だが、子ネズミたちはもっと低学歴のため、ついカリスマがエリートだと勘違いしてしまうのだ。

お互い様と言えばお互い様か。

冒頭で私は私立文系専願組について触れたが、早慶でさえもネットワークビジネスにハマる連中がたまにいて、つくづく残念だと思う。

これが旧帝大以上の国立大学出身者になると極めてレアケースになることから、「楽をして儲かる話」に乗るか否かは10代の頃からすでに遺伝的に決まっているのではないかと私は仮説を立てている。

処世術として初歩的なことだが、「楽をして儲かる話」というのは全部嘘だと考えよう。

もしそんな話があれば旧帝大以上の出身者がとっくにやっており、一流の世界が独占しているはずだ。

四流如きが入り込む余地などない。

こうした世の中のカラクリを精緻に把握しておくか否かの違いは果てしなく大きいのだ。

「未公開株の話」「極秘情報」は、あなたには運ばれることはないと知ろう。

もしあなたが国会議員や閣僚でもない限り、そんな話があれば絶対、必ず、100%の確率で詐欺である。

身の程を弁《わきま》えるべきだ。

17

一流の人が、
他人に
何を言われても
やらなかったこと。

友だちのふりをして近づいてくる人は全部嘘つきである。

18

「タイムセール」に乗らない。

昔ならデパートのバーゲンセール、今ならインターネットショップのタイムセールには四流の人々が殺到するから要注意だ。

別にタイムセールを利用するのは悪いことではないと思う。

私もタイムセールでなければ購入しないとあらかじめ決めている商品がいくつかあり、定価で購入するようなバカなことはしない。

私が要注意と言っているのは、タイムセールだからと言って、本当は要らないのに購入してしまう習慣だ。

格安ショップに行くと、ここぞとばかりにあれこれ買い漁っている貧乏人と酷似している。

結局のところ、ただでさえ狭い部屋をさらに狭くして、なけなしのお金がさらに減ってしまうのだ。

経営コンサルタントをやっていた身として告白しておくと、原則タイムセールというのは本音としてはお金を払ってでも処分しておきたい〝死に筋商品〟の山である。

あるだけで疫病神になる存在の塊だと考えていい。

その証拠に本当に〝売れ筋商品〟であればタイムセールとは無縁のはずだ。

例外的に卓越した商品でもタイムセールになることもあるにはあるが、それはこの先、爆発的に売上を伸ばすために確信犯で知名度を極限まで高めておくためである。

「こんなに素晴らしい商品が、なぜ？」と思わせながら狼煙《のろし》を上げて、目的を果たしたら定価で売り続けるのだ。

一流の世界でもたまにやる戦略である。

四流の習慣はどんなものか私がここで再現して差し上げよう。

インターネットショップではタイムセールだけに興味を持ち、毎日必ずチェックしている。

そしてあらかじめ欲しかったものではなく、「安いから欲しい！」「今買わないと何か損した気がする！」と本能的にポチッと購入してしまうのだ。

これを毎日やらかして習慣化すると、クレジットカードの残高がなくなってリボ払いに手を染め、気がついたら借金地獄に突入しているというわけである。

おまけにタイムセールで買い漁った安くて粗悪なスナック菓子やレトルト食品をせっせと体内に日々流し込んでいるため、肌の艶も悪く、目も濁り、極度な肥満かガリガリかのいずれかの体型をしているというパターンが多い。

そこまで酷《ひど》くなくても、単に安いからという理由だけで購入する癖のある人は同類である。

安いから買うものは、本当は不要なのだ。

本当に必要なものなら高くても買う。

だから一流の世界では部屋に物が少ない。

貧乏人の家には玄関からしてビニール傘が複数散乱し、脱いだ靴が散らばっている。

それに対して一流の世界では玄関がとてもスッキリしており、趣味の悪い熊の置物や気持ちの悪い謎の剥製が置かれていない。

タイムセールに買い漁りたくなる衝動の根本は心の貧しさにある。
心が貧しいとなけなしのお金で心の隙間を埋めるために安物を買いまくるのだ。
四流は、心も貧しい。

18

一流の人が、
他人に
何を言われても
やらなかったこと。

安いから買うものは
〝死に筋商品〟である。

19 「限定○○!!」「残席○○!!」「先着○○名様!!」に乗らない。

タイムセールに続いて、煽《あお》りコピーに騙されないことも非常に大切だ。

私は経営コンサルタント時代にキャッチコピーの作成が得意だったため、実際の商品の価値よりもはるかに優れて見えるように指南してきた。

今振り返ると強烈な罪悪感が私を襲うくらいだ。

そんな私の告白だからかなり説得力があると思うのだが、「限定○○!!」「残席○○!!」「先着○○名様!!」は全部嘘だと考えていい。

少なくとも疑ってみる価値はある。

「限定」というのは知的水準の低い人が脊髄反射レベルで反応するキーワードであり、

高級車や高級機械式時計などのブランド品で使われることが多い。

本当の生産量は社外秘であり、基本的には漏れることがないからおバカを騙しやすいとは言える。

「残席」というのは集客に困った自己啓発セミナーで使われることが多い。

そもそも本当の人気セミナーなら残席など知らせる必要はなく、告知前か告知と同時に満席になるはずだ。

詐欺師の常套手段である。

「先着」というのは判断能力を鈍らせる悪魔のキーワードであり、金融機関の紙通帳から電子通帳へとシフトさせる煽りに使われることが多い。

本当に○○名様に特典を差し上げていることを確認できる証拠は、お客様には見せないのが恐ろしいところである。

いかがだろうか。

世の中には騙しの手口があちこちであふれていることがご理解いただけたのではないだろうか。

もし今これを読んで怒り心頭に発した人がいたら、かなりおめでたいとしか言いようがない。

冗談ではなく、これまでの人生で1億円以上搾取されてきた可能性もある。

私が経営コンサルタントをやってきて勉強になったことを一つ挙げろと言われたら、多くの業種業界の裏を見せてもらったことだろうか。

以上を踏まえた上で、あなたならどうするかである。

大切なことは単に知ることではない。

知った上でどうするかである。

どうするかだけではなく、どういう習慣にして人生を変えるかである。

煽りコピーを見たら直ちに距離を置くだけではなく、卑しい販売員に煽りのフレーズを投げかけられたら直ちに中座することだ。

一流の世界ではこの「中座」という行為が日常的に行われており、ぜひこの機会にあなたも習慣化してもらいたい。

あなたがお客様の立場なのに上から目線で煽られたりマウンティングをかまされたりしたら、中座して帰ってくるのだ。

これができて初めて一流の仲間入りである。

私は直接お会いしたことはないが、投資王のウォーレン・バフェットもこの中座の名人だと本で読んだ。

彼は「こいつ、無理」と直感した相手の話は、いかなる理由があろうとも話を遮って中座してきたという。

さすがである。

彼は単なる大富豪というだけではなく、きっと一流の世界の住人なのだろうと確信した。

あなたも今日から中座しよう。

19

一流の人が、他人に何を言われてもやらなかったこと。

煽りコピーは判断能力を鈍らせる悪魔のキーワード。

20 老後の蓄えをキープしたら、それ以上貯金しない。

あなたの老後はいくら蓄えをしておけばいいだろうか。

一度だけしっかりと考えておくと、もう二度と心配しなくてもいいから今この瞬間の人生に没頭できるようになる。

老後の蓄えに必要な額は、人によってバラバラだ。

要は、最低限もらえるであろう年金に加えていくら贅沢《ぜいたく》したいか、ただそれだけで決まる。

たとえば持ち家でローンが完済している人なら、毎月の生活費が光熱費を入れても15万円あれば十分だろう。

そのうち10万円が年金だとすれば、毎月5万円あればいいことになる。

では、蓄えはどれだけ必要か。

それに「360」を掛け算すればいい。

360の根拠は360カ月である。

60歳から90歳までが老後だとすれば、30年間×12カ月＝360カ月になるからだ。

毎月5万円×360カ月＝1800万円だという答えが出た。

自分は持ち家ではなく賃貸だという人や、もっと贅沢をしたいという人はこの数字が変わるだろう。

毎月年金＋10万円欲しければ3600万円の蓄えがあればよく、毎月年金＋20万円欲しければ7200万円の蓄えがあればいい。

「万が一」の医療費は心配しなくてもいい。

特殊な先進医療を求めなければ健康保険でほぼ賄える。

それに人はいずれ必ず死ぬ。

ジタバタしても仕方がない。

さて、人によって老後の蓄えの額は違うだろうが、まずそれをキープすることがあなたのやるべきこととなる。

これが人生のいつまでに達成するかで豊かさがまるで違ってくるのだ。

仮にあなたが3600万円の蓄えをキープしたとすれば、それ以上は貯金する必要はなくなる。

つまり、旅行しようが、食道楽になろうが、大好きな読書にお金を注《つ》ぎ込もうが、もう他人にとやかく言われる筋合いはない。

あなたの本心から好きなことだけにお金を使えばいいのだ。

すでに述べたように私は30代でそれを成し遂げたので、もう貯金という概念は完全になくなってしまった。

ついでに言っておくと、年収という概念もない。

もうお金のために労働する必要がないのだから当たり前と言えば当たり前だ。

一流の世界では早ければ20代で、普通は30代～40代には私と同じ境遇を獲得している。

一流の世界の住人がそれでも仕事をしているのはなぜか。

それはお金のためではなく、自分の好きなことや使命を淡々と果たしているだけだ

からである。

そもそも今まさに私がこうしてやっている執筆は、とても地味な作業だし、投資ビジネスのように大金を稼げるのは稀だし、華やかさの欠片もない。

ひたすら好きなことであり、自分の使命だからやっているだけである。

それでもお金はたくさん入ってくるから、好きなことや使命を果たすために使っているというわけだ。

まさに正のスパイラルが延々と繰り返されている状態である。

20

一流の人が、
他人に
何を言われても
やらなかったこと。

「万が一」は心配しなくてもいい。

21 保険は掛け捨て以外に入らない。

あまりアピールをしたことはないが、私はもともと損害保険会社の出身だ。

就活中にぜひ入りたいというわけでもなかったが、いくつか内定をもらった会社の中から消去法で選んだらそうなったというだけの話である。

入社後にわかった仕事の実態についてありのままの本音を明かすと、想像を絶するほどに退屈だった。

私と同じく総合職の同期には東大合格者を多数輩出することで知られる灘《なだ》や開成《かいせい》の出身者もいたが、それほど優秀な頭脳が求められている理由が今でもわからないままだ。

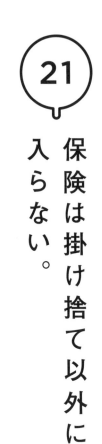

私にとっていくら将来のための仮の宿だったとは言え、常軌を逸するほどの退屈さには耐え切れなくなり、迷うことなく転職したというわけである。

ところが因果応報が起こった。

あれだけ嫌で逃げ回ったはずの保険の仕事を、何と転職先の経営コンサルティング会社でやる羽目になったのだ。

きっかけは当時の私のチームにいたメンバーの一人が「保険業界向けのコンサルティングを立ち上げたい」と言って、損害保険会社出身の私がプロジェクトリーダーを務めることになったことである。

これが想像以上に当たり、あれよあれよと保険業界の複数のメジャー紙に丸ごと1ページの独占長期連載を同時並行で執筆することになった。

それが巡り巡って、かねて夢だった出版も実現し、私の第一作はこの保険業界向けのビジネス書となったわけである。

正直な気持ちを打ち明けておくと、最初にメンバーが保険業界向けの仕事をやりたいと申し出た時に私は「勘弁してくれよ」と思った。

だが、自分が逃げたツケをここで払わされるのだと悟り、真摯に保険業界向けの仕事に取り組んだわけだ。

現場の最前線の保険代理店や保険の販売員から、保険会社本体の代表取締役たちとも密室で議論を交わしながら幅広く、そして濃密な仕事をさせてもらった。

そんな私が言うのだから間違いないが、保険は掛け捨て以外に入ってはいけない。

もっと言えば、生身の人間に手数料を支払うような販売店や販売員を通して保険に入るのではなく、例外なくインターネット経由で入るべきである。

たとえば私の書斎の火災保険を例に挙げよう。

販売店や販売員を通して加入するのとインターネット経由で加入するのとでは、まったく同じ保険商品でも保険料が2倍違うのだ。

親しくなった取引先にもこの知恵を教えてあげたところ、年間保険料がトータルで3分の1以下になったと小躍りしていた人もいる。

保険のセールスが「万一の際に入るのが保険ですから、特約をつけるのが当たり前だと思います！」と、卑しく日焼けした顔にこれまたいやらしいホワイトニングを決め込んだ歯を見せながら迫ってくるのは、彼ら彼女らの手数料がべらぼうに高いからだ。

がん保険の儲けの実態を知ると、あなたは販売員に殺意を抱くだろう。

21

一流の人が、
他人に
何を言われても
やらなかったこと。

生身の人間に手数料を支払わない。

22

ローンを組まない。

ローンとは単なる借金である。

まず、この「地球は丸い」と同じ初歩を理解することだ。

借金をすることは悪いことではないが、分不相応なものを買おうとしている事実を忘れてはいけない。

借金をしなければ買えないものは、例外なく分不相応なものなのだ。

この事実はいくら強調しても足りないくらいである。

こういう話をすると必ずローンで直接的にも間接的にも暴利を貪っている輩や、自分がローンを組んだことを正当化したい弱者がこう反論するだろう。

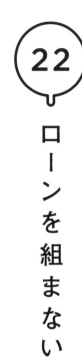

「もし死んだらローンを払わなくてもよくなるから得だよ」と。

まさしくそれが卑しい四流の脳からにじみ出る発想なのだ。

自分が死んだらお金を払わなくても済むかもしれないが、ローンを払ってでも購入したかったものを堪能することができなくなるから絶望的な損失だ。

それに支払っている本人が死んで喜ぶのは配偶者であるという事実を知る者は少ない。

つまり、「もし死んだらローンを払わなくてもよくなるから得だよ」とほざいている本人こそが、周囲から死を待ち望まれているおめでたいおバカさんなのである。

ご理解いただけただろうか。

ローンを組んでわざわざ2倍のお金を払う意味があると思い込んでいるのは身の丈に合った生活ができない貧乏人だけであり、まともな知能の持ち主であれば身の丈に合った賃貸一択なのだ。

あるいは一括払いで購入できる人ならそれに越したことはない。

5000万円のマンションなら、シュパッと5000万円払えばいい。

1億円のマンションなら、シュパッと1億円払えばいい。

シンプルだけど、それだけのことだ。

それが一流の世界の常識である。

念のため審査の常識として押さえておきたいのが、ローンというのはあなたの年収からそのまま綺麗に引かれるという事実だ。

概してサラリーマンは虚勢を張って年収を高く見せたがる傾向にあるが、ローンを年間200万円支払っていたら、その分、年収はマイナスすべきである。

たとえば年収600万円もらっていると思い込んでいるサラリーマンが、もし住宅ローンと車のローンを年間300万円支払っていたら、年収は300万円という自覚を持たなければならない。

自覚というよりも、本当に年収300万円なのだが。

「本当は俺、年収600万円だけど、ローンがあるから300万円になってしまうけどね」という言い訳も不要だ。

前置きはいっさい不要で、単なる年収300万円の人間なのである。

それ以上でもそれ以下でもない。

私はこれまでの人生で住宅も車もローンを組んだことはないが、四流の世界では珍

しがらみてても一流の世界では「私も」「僕も」と異口同音に言われる。

ローンを組むのは犯罪ではないが、組まないに越したことはないようだ。

22

一流の人が、
他人に
何を言われても
やらなかったこと。

借金までして
分不相応なものを買わない。

23 お抱えの霊能者や占い師や整体師を持たない。

少し前にインターネットで別件を検索していたら、あるコピーが目に飛び込んできた。

それが「中卒でも先生と呼ばれたければ、整体師になれ」というものだ。

善悪を超越して、これは秀逸なコピーである。

おそらく本人も中卒で整体師になって成功しているのだろう。

一流ではないかもしれないが、身の丈に合った人生を送っていて美しい。

私がアレンジを加えるとこうなる。

「低学歴でも先生と呼ばれたければ、霊能者や占い師や整体師になれ」と。

誰もが薄々気づいているとは思うが、霊能者や占い師はすべて偽物である。偽物であることを科学的に証明できないのをいいことに、低学歴が暴利を貪っているだけだ。

国家資格の必要がない整体師もこれは同じである。

低学歴が白衣をまとって医者のふりをして施術をしているが、実際におつむのデキは対極に位置するだろう。

学生時代で言えば、学年トップと学年ビリくらいの違いだ。

もはや同じ空間で呼吸できるレベルではない。

だからだろう、自分たちの低学歴を隠蔽するかのように、威圧的な態度でマウンティングをかます輩が多いのだ。

低学歴は放っておくと絶対、必ず、１００％の確率で見下されるから、先手を打ってマウンティングをかまして勝ち逃げしようという浅知恵だろう。

言うまでもなく、一流の世界では霊能者や占い師や整体師は毛嫌いされる。

当たり前と言えば当たり前で、一流の世界では真の情報が飛び交っているから、それらがすべて偽物だとわかっているのだ。

「ないことを証明するのは、あることを証明するよりもはるかに難しい」のに便乗して偽物が暴利を貪っていることなどお見通しである。

医者でもない低学歴が、他人様の首を勝手にぐるりと回してゴキッと鳴らすのが、どれだけ危険なのかも熟知している。

一流の世界の住人がそれら偽物を瞬殺しようと思えばいくらでもできるのに、あえてそうしないのは世の中には必要悪というものがあるからだ。

これはヤクザも同じだ。

ヤクザというのは善悪で言えば悪だが、人類の必要悪である。

もしヤクザがこの世から一人もいなくなればどうなるか。

これまでヤクザのおかげで悪さをしなかった次の連中が跋扈《ばっこ》して、また別の半グレの類いが激増するに決まっている。

その半グレを一掃しても、また別の愚連隊が発生するのだ。

警察庁の官僚は当然そんなことは百も承知であり、わざと生かさず殺さずヤクザを泳がせているのである。

霊能者や占い師や整体師の話に戻るが、中小企業のオヤジやブラック企業の経営者にはかなりの確率でお抱えがいる。

私がこれまでに出逢ってきた経営者たちを見る限り、8割以上にお抱えの霊能者や占い師や整体師がいた。

その種の四流の経営者は会社の大切な決断をそうしたお抱えの人間に委ねており、四流同士で親睦を深めていたものだ。

23

一流の人が、他人に何を言われてもやらなかったこと。

偽物であることを科学的に証明できないものはすべて偽物。

24 所有しない。

せっかく苦労してお金持ちになっても、四流の成り金で終わる人には特徴がある。

それは何でもかんでも所有しないと気が済まないということだ。

出自や毛並みが悪い成り金にこういう人が目立つ。

もちろん一流の世界の住人も所有はしているが、レンタルやシェアのほうが圧倒的に多い。

たとえば私は今の書斎を購入しているのではなく、レンタルしている。

所有しようと思えばいつでもポケットマネーで購入できるが、絶対にそうしないのは自由がなくなるからだ。

自由というのはいつでも気が向いたら引っ越せるという権利であり、これは1億円払ってでも買えない価値がある。

なぜなら資産価値がどうだとか、売ったら得をするか損をするかを無意識のうちに考えてしまうからである。**人は所有した途端、動きが鈍くなるし、頭の回転が鈍くなるのだ。**

レンタルやシェアにしておけば、そんな心配は1秒もしなくていい。

嫌ならさっさと契約を打ち切ればいいし、気に入ったら好きなだけ更新すればいいのだから。

トータルで見たらレンタルよりも所有したほうが安かったとしても、それは結果論である。

結果論は結果論に過ぎず、人生で大切なのはプロセスなのだ。

それに貧乏人と違ってお金持ちは単純な足し算で損得の計算をしていない。

1秒でも思考を妨げられずに済むのであれば、1億円くらいなら惜しまないという人々がお金持ちには笑っちゃうほど多いのである。

この話を大袈裟だと思う人は、経済的に未熟な証拠だ。

自分が理解できないからと言って、何でも頭から否定したがるのは四流の世界の住人である。

ついでに言っておくと、一流の世界の住人は高級機械式腕時計や高級な食器を所有している人も多い。

ただし、四流のお金持ちと違うのは飾っておかない点だ。

いやらしく、これ見よがしに飾って来客に見せびらかすのではなく、日常でごく当たり前に使っている。

パテック・フィリップやヴァシュロン・コンスタンタンの腕時計を普段使いしているし、マイセンやリチャードジノリの食器を毎日使っているのだ。

たとえそれで傷がついたり割れたりしても、「今までありがとう」と感謝して修理をしたり処分したりする。

すでにお気づきのように、一流の世界の住人は物に対する執着がないのだ。

執着というのは頑固になって頭を悪くするし、いざとなると命を落とすこともある。

「この時計、高かったのに！」「このフェラーリ、どうしてくれるの？」と憤慨したり落胆したりすると、無意識のうちに裁判沙汰になったり殺人沙汰に巻き込まれやすくなるだろう。
所有するというのはそういう執着の対象を増やしてしまう行為なのだ。
畢竟《ひっきょう》、我々人間如きが本質的に所有できるものなどこの世に存在しない。
それを理解しているのが一流だ。

24

一流の人が、
他人に
何を言われても
やらなかったこと。

人は所有した途端、鈍くなる。

人生で最も
やってはいけない
お金の使い方とは、
誇りを持てない大学に
入学手続きをすることだ。

PART

4

一流の人が、他人に何を言われてもやらなかった「勉強術」

25

「スポーツと違って勉強は努力」を鵜呑みにしない。

よく四流の世界の住人は「もし甲子園《こうしえん》球児が勉強に没頭していたら、東大に楽々入れたはずだ」とほざいて悦に入る。

もちろん、それは間違いである。

私は甲子園球児を決して見下しているわけではないのだが、野球が上手《うま》いのと勉強ができるようになるのとでは能力がまるで別だと言いたいのだ。

甲子園球児に限らず陸上競技で立派な記録を出したからと言って、その選手が勉強でも立派な成果を出せる保証はまるでない。

出せることもあるだろうが、出せないこともある。

ごく当たり前のことを述べているに過ぎない。

実は学術的にもすでに勉強は才能であることが完璧に証明されてしまったし、悪い頭が努力でカバーできるのは5％未満の余地しかないというデータも発表された。

以上は別に驚くことでもないだろう。

誰だって自分の学生時代を振り返れば勉強は才能であることくらい気づいていたはずだ。

同じ時間に同じ教師から同じ内容を教わっているのに、抜き打ちテストを受ければ0点から100点まで序列が生まれるのは才能以外に説明がつかないではないか。

中学卒業後にはその辺のチンピラになる連中もいれば、地元の旧帝大に進学するエリートもいる。

これは努力の差ではなく才能の差だ。

ありのままの現実として才能格差を公言するのがいけないのではなくて、本当は遺伝的に勉強に向いていない連中にまで無理に勉強させようとすることがいけないのである。

どう見てもマラソンに向いていない大柄な子どもに対して、マラソンを強要するのは間違っているのと同じだ。

その大柄な子どもには相撲取りにさせるか、ひょっとしたら水泳をさせれば才能を開花するかもしれない。

何よりも本人もそのほうが楽しいはずだ。

「スポーツと違って勉強は努力」という嘘が、なぜここまで跋扈したのかと言えば、一つは頭の良し悪《あ》しはスポーツと違って目に見えにくいからだろう。

だから「筆記試験で頭の良し悪しは測れない」とか、「勉強ができるからと言って、頭が良いとは限らない」といった四流特有の苦しい言い訳がなされるのである。

もう一つは学生時代を卒業して社会人になったらスポーツができなくてもどうってことはないが、勉強の出来不出来がハッキリとわかる「入学大学」は生涯つきまとうからだろう。

いっさいの綺麗事を排除すると、早慶旧帝大以上だと「優秀」、駅弁・MARCH・関関同立だと「普通」、それ未満だと「圏外」と見なされるのが一流の世界では暗黙の了解である。

別にこの程度のことは誰でも薄々気づいていることだろうし、タブーでも何でもないが。

要は、勉強もスポーツ同様に笑っちゃうくらいに才能で決まるのだから、自分の向いている分野で勝負することだ。

25

一流の人が、
他人に
何を言われても
やらなかったこと。

向いていない勉強を無理にする必要はない。

26 ベストセラーを鵜呑みにしない。

本書がベストセラーになるかどうかはわからないが、少なくとも学習参考書においてはベストセラーを鵜呑《うの》みにすべきではない。

ベストセラーが悪いと言っているのではなく、鵜呑みにするのがダメだと言いたいのだ。

なぜなら、すでに述べたように、勉強は才能で決まり、授かった知能指数や記憶力によって理解力や習得率がまるで違うからだ。

東大合格率の高い筑駒《つくこま》（筑《つく》波《ば》大学附属駒《こま》場《ば》）や灘の生徒にとっては良書であっても、あなたにとっては悪書になり得る学習参考書は多い。

これはいくら強調しても足りないくらいに大切なことだ。

私自身も受験勉強では身の程を弁えた学習参考書を使用してきたが、ついに教科書レベルの一歩手前までしか習得できなかった。

つまり、初歩と基礎を固めているうちに受験当日を迎えてしまったのだ。

使用した教材はどれも無名出版社から出ていたものであり、当時からすでに絶版になっていたものもある。

ただ、私にとっては世界一の教材だったというわけだ。

高校時代の二人の教師に私が「今から東大は無理だから、実力さえあれば東大と同じ土俵に立てる大学の下限を教えてくれ」と懇願したところ、私の本気を感じ取ったのか、二人とも異口同音に「ここだ」とランキング表に指をさして教えてくれたのが「北海道大学」だった。

一人は高校2年時の担任で英語の教師であり、もう一人は高校3年時の担任で数学の教師だったが、二人に接点はないはずだ。

前者は「北海道大学経済学部」、後者は「北海道大学水産学部」と即答した。

今振り返っても最高の教師だったと感謝している。

ただ、当時の北海道大学には大学公認のボディビル部がなかったため、結局は北海道大学に進学するという決断はしなかったが。

今はどうか知らないが、一流の下限に滑り込むためには何も難しい学習参考書をやる必要などなかったのだ。

私の周囲で難しいベストセラーに手を出していた〝参考書オタク〟の同級生たちは例外なく受験に敗北していた。

あなたは私よりも勉強の才能があるかもしれないし、ないかもしれない。

あるいは同程度かもしれない。

大切なことはどちらが上かということではなく、自分の才能がどの程度なのかを精緻に把握することである。

それに人には得手不得手があるから、英語や国語では抜群の学力を発揮しても、数学や物理はからきしという人もいるだろう。

その逆もある。

大学受験に限らず資格試験や、生涯かけて何かを学び続ける場合も同じで、自分の才能や得手不得手を感情抜きで知っておかなければ、いつまで経っても〝報われない努力家〟で終わってしまう。

報われない努力家には性悪がとても多く、結果として人もお金も離れてしまうから貧しく、そして卑しい人間になる。

あなたはまさかそんな人生を望んではいないはずだ。

何かを成し遂げたければ、常に現実からしか出発できない。

26

一流の人が、
他人に
何を言われても
やらなかったこと。

良書も、あなたにとっては悪書になり得る。

27

資格の取得に躍起にならない。

いっさいの綺麗事を排除すると、資格の取得は一流の学歴を獲得できなかった負け組に任せておくことだ。

もちろん一流の学歴を獲得した人の中にも資格を取得している人はいる。

しかし、それは資格を取得したから一流になったのではなく、一流の学歴を獲得したから一流になったのである。

ここを勘違いすると一生痛い人になってしまうから要注意だ。

すでに一部の人がインターネット上でも漏らしてしまったが、この世で最強の資格とは「入学大学」である。

これ以外の発言は、すべておためごかしか偽物だ。

輝かしい入学大学を獲得した勝者の役に立つために、資格は存在するのである。

だから一流の世界では早慶旧帝大以上の学歴と普通自動車運転免許しか持っていないという人が異様に多い。

一流の世界では医師も弁護士も「使われる人」であり、医師や弁護士で一流と認められたければ、「入学大学」がしっかりしていなければならないのだ。

さすがにこんなことはインターネット上でも漏れてはいないだろう。

だが、一流の世界では暗黙知であり、誰もわざわざ言語化して教えてくれないくらいの常識中の常識である。

「入学大学」をバチッと決められなかった医師や弁護士は一流とは見なされず、多くの場合〝金の亡者〟として生きるのはあなたもご存じの通りだ。

医師や弁護士に限らず一流というのは人前でドヤ顔して語らないし、黙って本業で実績を出し続けている。

マスコミやインターネット上で「この先生、出たがり屋さんだなー」と感じたら、その人はその業界では嘲笑の的となっていると考えて間違いない。

つまり、四流の人なのだ。

四流だからこそ自分の四流さと向き合えず、実情を知らない無知蒙昧な大衆から「すごーい!!」と称賛されて承認欲求を満たしたがるのである。

真の一流が称賛されるのは、同じ業界で活躍して実情を熟知している一流からだけでいいのだ。

ただし、すでに何度も述べているように、大学受験は才能で決まるから才能のない人は資格試験を頑張るのもいい。

というよりも資格試験でリベンジするしかないのだ。

私の周囲にも本質的に頭が悪くても国家資格を取得して、安定した職業に就いている人々は数多い。

Fラン大卒でどの角度から見ても地頭が悪かったのに、（ずいぶんと易しくなった）司法試験に合格して弁護士をやっている人間もいる。

弁護士の世界でも丸《まる》の内《うち》にあるような真の一流の大手事務所に入るためには、「入学大学」が決め手になるのは言うまでもない。

一流の世界では資格はオマケであり、「入学大学」がモノを言うのはご理解いただけたと思う。
資格ではないが、海外ＭＢＡ（経営学修士）も同じだ。
最初の「入学大学」がダサいと、いくらハーバードを出ていても一流ではない。
一流とはそういうものである。

27

一流の人が、他人に何を言われてもやらなかったこと。

勝者の役に立つために、資格は存在する。

28 講師が学歴非公表のセミナーには参加しない。

一流の世界は厳しい。

途轍《とてつ》もなく厳しい。

セミナー講師が学歴非公表だと、もうそれだけで拒絶反応を示される。

これは決して学歴至上主義という低次元の話ではない。

学歴を公表できないような陳腐な人生しか歩んでこなかったことが容易に予想されるからだ。

詐欺師はその辺を熟知しており、まず学歴詐称をするだろう。

百戦錬磨の彼ら彼女らは学歴がそのくらい大切なことを経験上熟知しているからで

ある。

昔の結婚詐欺師には「慶應の医学部卒」「京大の医学部卒」がやたら多かった。

それは二番手を謳《うた》っておくことで信憑性《しんぴょうせい》を高めるためだろうか。

さすがに東大医学部卒と嘘をつくとバレバレだし、単にその勇気がなかっただけかもしれない。

そう言えば都内タクシー運転手には、大手広告代理店の「元博報堂《はくほうどう》」と嘘をついて乗客にマウンティングをかますのが一時流行っていたが、現在はどうだろうか。

ひょっとしたら中には本当に元博報堂だった人もいるかもしれないのに、「そういう顔は一流の世界にはいません」と疑われてしまうのが痛々しいところだ。

さて、ネットワークビジネスはもちろんのこと、巷の「心理系」「カウンセリング系」「コーチング系」の講師の経歴も丹念にチェックしてみよう。

大学名がちゃんと明記されていなかったり、学歴非公表だったりしないだろうか。

こういう痛い指摘をすると、彼ら彼女らは声を荒らげてこう言うだろう。

「私は学歴で勝負しているわけじゃありません！」と。

だったら、なおいっそうのこと学歴を公表すべきではないか。

学歴を公表しないのは、自分がバカであることがバレてしまうと商売に不利になるからだろう。

ここで私がこれまでに見てきたその種の学歴非公表の講師陣の学歴を暴露しておこう。

駒澤大、帝京《ていきょう》大、龍谷大、桃山《ももやま》学院大、昭和大、獨協《どっきょう》医大、埼玉医大、藤田《ふじた》医大、川崎《かわさき》医大、松本《まつもと》歯科大、奥羽《おうう》大、朝日《あさひ》大……といったところだ。

これらは単に「大学卒業後」とされて大学名を伏せていた例である。

「大学卒業後」とすら書けない講師陣は推して知るべし。

以上が一流の人々か否かはあなたの判断にお任せしたい。

そう言えば、日本一の女子名門中高一貫校出身者たちがそっと教えてくれたことがある。

いずれも東大を中心に早慶旧帝大以上の大学入学経験者だったが、「入学大学」のダサい塾・予備校講師からは教わりたくないと断言していた。

具体的には駅弁・ＭＡＲＣＨ・関関同立以下の入学大学者だと、「突破していない人に教える資格はない」と嫌悪感を抱くのだという。

別のある分野の一流には「鼓膜が腐る」と表現した方もいらっしゃるが、私にもその気持ちがわからないでもない。

学歴非公表の講師のセミナーを聴くと鼓膜が腐るとまでは言わないが、穢《けが》れるとは思う。

28

一流の人が、
他人に
何を言われても
やらなかったこと。

学歴を公表できない人の人生は陳腐である。

29 悲壮感を漂わせるような勉強をしない。

すでに勉強が才能で決まることはご理解いただけたかと思うが、ここではさらに得手不得手を目利きする方法をお伝えしたい。

いくら算数の才能が劣っていても、国語で抜群の力を発揮する人もいるし、理科が好きな人もいれば社会が好きな人もいる。

学校ではすべての教科を頑張るように洗脳されてきたし、まあ、義務教育まではそれがあながち間違っていたとは思えないが、大人になったら苦手教科に関わっている時間はない。

当然だがあなたの寿命は有限であり、その分野に才能が配分されていないなら関わ

るべきではないのだ。

その分野に才能があるか否かの指標は、あなたがそれに取り組む際に悲壮感を漂わせるか否かで決まる。

悲壮感が漂えばアウト、漂わなければセーフだ。

自分自身で気づかなければ周囲に聞いてみるのもいいだろう。

「つらそうだねー」と言われたら直ちにやめるべきだし、「輝いているよ」と言われたら、それがあなたの勝負すべき土俵である。

大切なのは、いくら才能があっても楽だとは限らないということだ。

たとえば村上春樹氏は小説を執筆するのは楽しいはずだが、楽ではないだろう。

私もこれは同じで、こうして執筆をするのは人生でいちばん楽しいが、決して楽ではない。

むしろ本を1冊書き終えるたびに魂が抜けて寿命が縮んでいる気がする。

これは他の職業作家もきっと同じではないだろうか。

自分をブランディングする一環として数冊本を出した人ではなく、きちんと職業作家として自著を100冊以上商業出版したことがある人は楽しいけれど、断じて楽ではないはずだ。

村上春樹氏はランニングと水泳を習慣化して身体を鍛え続けているとエッセイで読んだことがあるが、そうしないとすぐに廃人のようになってしまう不安があるからだろう。

私も筋トレとウォーキングを自室で習慣化しているが、頑張っているという意識はまるでない。

頭を酷使していると、勝手に身体も動かしたくなるからそうしているだけである。

毎日適度に身体を動かさなければ、きっと精神が破壊されてしまうのだ。

運動が好きだから継続できているのではなく、運動せざるを得ないから結果として継続してしまっているというのが率直な感想である。

一流の世界では何をやるかは千差万別だが、誰もが自分に合った運動を習慣化しているという点で一致していた。

それはみんな普段から頭を酷使している証拠であり、運動をせざるを得ないのだろう。

あなたにいくら才能がある分野でも、自分では楽しさと同時にしんどさも感じるから、独断では才能の目利きは難しいかもしれない。

周囲から見て悲壮感とは無縁の、猛烈な輝きを放つ分野に没頭しよう。

そして、もしいつかあなたがその分野で頭角を現して世に出たとしたら、優雅に語り合おうではないか。

そんなに遠い日ではない気がする。

29

一流の人が、他人に何を言われてもやらなかったこと。

才能が配分されていないことには関わらない。

30

人から直接教わらないと学べないと決めつけない。

世の中には一流の師はいる。

それは間違いない。

しかし、一流の師はご健在であるとは限らず、歴史上の人物であることもある。

むしろそのほうが多いのではないか。

つまり人から直接教わらないと学べないわけではないという事実を知ってもらいたいのである。


勘違いしてもらいたくないが、人から教わってはいけないとは述べていない。

人から教わったほうが学べる人もいれば学べない人もいるし、同じ人でも本から学

んだほうが吸収できるということも多いということである。

私がこれに気づかされたのは大学の受験勉強だった。

あくまでも私は人から教わるよりも自分が気に入った教材で独学するほうが向いていたのだ。

もし学校に通わなければ、もっと存分に勉強できたのではないかと確信している。

このことを一流の世界で打ち明けたら、過半数の人が「自分も独学のタイプだよ」と教えてくれたのには驚かされた。

大学入学後の私は読書に明け暮れたが、それは大学受験の勉強で気づかされた教訓を活《い》かしていたのである。

講義を受けるよりも自分で本を読んだほうが習得しやすいという私〝ならでは〟の特性をとことん発揮したのだ。

就職が決まって引っ越しの際に蔵書を数えたら、1万冊をゆうに超えていた。

最初から1万冊を読破しようと思ったわけではない。

「学生の分際でちょっとお金を使い過ぎだなー」と思いながらせっせと買って読んでいるうちに、4年間で計1万冊以上になっていたというだけである。

学生とは言え、どこにそんな時間があったのかと思うが、やればできるものだ。没頭したという言葉がいちばんしっくりくる。

実は大学の講義も私は熱心に聴いていたのだが、必ず予習と復習をしていた。つまり独学をベースとして、確認のために講義を受けていたのだが、あれこそが私の理想の勉強方法だと確信したものだ。

社会人になってからもこの独学中心の勉強スタイルは崩さず、自分の人生をどんどん正のスパイラルに加速させているという実感がある。

翻って、あなたはどうだろうか。

「かくあるべし」という勉強法や世間の評判に踊らされてはいないだろうか。

ここだけの話、自分〝ならでは〟の勉強法を発掘したら、人生は勝ちだ。本当に笑っちゃうくらいに圧勝できてしまう。

私が義務教育期間で学んだ教訓を集約すると、「悪い頭が良くなることもなければ、遅い足が速くなることもない」に尽きる。

しかし、悪い頭でも勝てる方法はあるし、足が遅くても幸せにはなれるものだ。

そのためには天から授かったあなたの頭脳を使って、あなただけの勝利の方程式を捻《ひね》り出すしかない。
私が思うに、人はそのためにこの世に送り出されたのではないか。

30

一流の人が、他人に何を言われてもやらなかったこと。

独学で人生に圧勝するタイプもいる。

31

一生継続するつもりのない勉強はしない。

これは極論だが、少なくともスタート地点では一生継続するつもりで勉強を始めたほうがいい。

そうでなければ勉強を重ねることができなくて寿命が尽きてしまうからだ。

言うまでもなく勉強には終わりはないが、そうは言ってもやはり重ねなければ努力が報われない。

下手《へた》の横好きという言葉もあるが、少なくとも一流の世界では認められていない。

つまり下手の横好きはとても醜い行為であり、四流の住人だと認定される。

たとえば周囲に流されてゴルフをやっている人はいないだろうか。

もちろんゴルフをやるのは悪いことではないし、むしろ素晴らしいことかもしれない。

ただ、本当はゴルフが大嫌いなのに、しかも下手なのに、無理に周囲に合わせてやっている人がいるとしたら、直ちにそんな寿命の無駄遣いはやめるべきだ。

それはあなたのポジションを下げるための愚行としか言いようがない。

何かを人前で披露するということは、必ず評価されて序列の中に組み込まれるということだ。

あなたがそれを望むかどうかはいっさい関係ない。

せっかく学歴や仕事で輝かしい経歴の持ち主なのに、ショボい学歴や仕事のできない連中にゴルフで負けたら、もうそれだけで見下されてしまうのだ。

なぜ、自らそんな醜態を晒すのか。

一流は四流に見下されるべきではないし、同じ空間で呼吸すべきでもない。

一流の世界では誰もが知る〝境界線〟がある。

2019年の韓国映画に『パラサイト 半地下の家族』という作品があるが、知らない人はぜひ一度鑑賞してもらいたい。

一流の世界の暗黙知である「境界線」の意味をあの手この手で教えてくれるだろう。

ちなみに監督のポン・ジュノは韓国の一流大学である「延世大学」出身だ。

卑しい四流の世界の住人は境界線を超えるために、あの手この手で一流の世界の住人の足を引っ張るのだ。

いっさいの綺麗事を排除すると、一流の世界の住人になるということは境界線の上側に住むということである。

一度境界線の下側に転がり込んだら最後、もう二度と這《は》い上がれない。

安易に苦手なことに手を出すというのは、そのくらい罪が重い行為なのだ。

以上を踏まえると、一生継続するつもりのない勉強をするのはもったいないことに気づかされるだろう。

仮に歴史の勉強をするなら、一生歴史を勉強するつもりで取り組もう。

仮に美術の勉強をするなら、一生美術を勉強するつもりで取り組もう。

そうするとガツガツしなくなるし、優雅に構えて吸収力が跳ね上がるはずだ。

私も執筆は一生の使命だと考えているので、ガツガツしていないし、優雅に構えていられる。

ガツガツして優雅じゃないのは、勉強が短期間だと考えている証拠だ。

「受験までで勉強はおしまい」と考えている人は、ガツガツしているし、優雅ではない人が多いのはそのためだろう。

31

一流の人が、
他人に
何を言われても
やらなかったこと。

無理な勉強は、必ず評価されて序列の中に組み込まれる。

32

世のため人のために勉強しない。

勉強は誰のためにするのだろうか。
世のため人のためではない。
ひたすら自分のためである。
何のために一流大学を目指すのか。
自分が幸せになるためだ。
何のために数学を勉強するのか。
自分が幸せになるためだ。
何のために哲学を勉強するのか。

自分が幸せになるためだ。

アルベルト・アインシュタインは自分のために物理学に没頭したし、ピカソは自分のために絵を描いた。

村上春樹氏は自分のために小説を書き、千田琢哉は自分のために本を書いている。

ひたすら自分のためでいいのだ。

結果として、巡り巡って、世のため人のためになることもあるというに過ぎない。

これはいくら強調しても足りないいくらい大切なことである。

最初から世のため人のために勉強するというのは実にいやらしい。

恩着せがましい。

そういう人間に限って、四流の実績しか出せないものだ。

愚かである。

一流の世界では何を勉強しているのかに興味津々だが、誰一人として世のため人のために勉強している人間はいなかった。

もちろんノーベル賞を受賞した際のインタビューでは美辞麗句や建前を述べなければならないが、本心は自分の好きなことに没頭していたら結果として人類の役にも立っていたというだけである。

それ以上でもそれ以下でもない。

だからこそ、一流は偉業を成し遂げても恩着せがましくないのだ。

恩着せがましいのは四流の成り金だけであり、自分はいくら寄付したとか、名誉博士号をどれだけ買い漁ったとか、くだらない自慢ばかりしている。

翻って、あなたはどうだろうか。

つい世のため人のために頑張ろうとしていないだろうか。

悪いことは言わないから、それだけはやめたほうがいい。

世のため人のためありきだと、いずれ必ずポキリと折れるからだ。

なぜなら、あなたがどれだけ世のため人のために頑張ったところで、誰も感謝などしてくれないからである。

「こんなに世のため人のために頑張ったのに、みんなどうして振り向いてくれないの？」と叫べば叫ぶほどに、あなたは痛い人になるし、嘲笑の対象になってしまうのだ。

これは自然の摂理である。

つまり、人は最初から世のため人のために頑張ってはいけないようになっているのだ。

まず、正直に自分のために、自分が本心から喜びを感じられるものに没頭すべきである。

職業作家も人気商売だから99％以上の人が嘘をつくが、本当は読者のために書いているのではない。

「自分は読者のために書いている」というのは、社交辞令でありポーズである。

そう言わないと売上が落ちてしまうからそう言っているに過ぎない。

本当はひたすら自分が書きたいから書くのであり、結果として読者に喜んでもらえることもあるということだ。

「読者のみなさんの喜びが執筆の励みになる」というのは本当だが。

32

一流の人が、
他人に
何を言われても
やらなかったこと。

世のため人のために勉強するというのは恩着せがましい。

勉強こそ、才能で決まる。
自分が報われやすい
分野で勉強すべし。

PART

5

一流の人が、他人に何を言われてもやらなかった「人間関係術」

33 覚悟もないのに本音を言わない。

私は経営コンサルタント時代に様々な組織を見てきたが、「これをやらかしたら絶対に偉くなれない」という共通項があった。

それは、本音を言ってしまうことだ。

自分では良かれと思って言ったとしても、目上の相手が傷ついたらご臨終である。

もうこれには例外がない。

どんなに気にしていないように装っている人でも、実はメチャクチャ繊細であり、生涯にわたってその恨みを忘れていなかった。

実例をいくつか挙げよう。

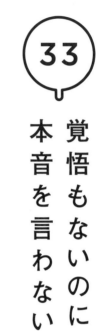

上司に「あなたのそういうところが、みんなに嫌われる原因ですよ！」と大勢の前で恥をかかせた猛者《もさ》がいたが、出世頭だった彼は翌年、孫会社に籍ごと移されて、10年後に久々に会ったら廃人のようになっていた。

地下鉄のホームで見かけたが、顔のパーツがバラバラになっており、今にも飛び込みそうだったのを鮮明に覚えている。

別の例だと上司の引っ越しの手伝いをあれこれ理由をつけて逃げ回っていた部下がいたが、あえて出世コースを歩ませられながらも、絶妙なタイミングで見事にはしごを外されて鬱になった挙げ句、亡くなってしまった。

死因はあなたの想像にお任せする。

実は私自身も訳あって天然を装っていたが、本性は底なしの執念深さだ。

屈辱を受けた恨みは何度でもリアルタイムで再現できるし、必ず復讐を果たすと決めている。

一流の世界では趣味が復讐という人が多いのだ。

それはそうだろう。

もう富も名声も権力もすべてを獲得したのだから、あとの余生は暇潰しに過ぎない。

暇潰しに昔の恨みを晴らそうと復讐を楽しむのは当たり前と言えば当たり前だ。復讐と言っても殺し屋を雇って誰かを殺すだとか、ヤクザを使って嫌がらせをするということではない。

たとえば企業の経営者だと、若い頃に嫌がらせを受けた業界や会社を完全合法で叩き潰すというのはよくある話だ。

あるいは政治家になって自分を散々苦しめた政党や団体を叩き潰し、二度と自分が経験したのと同じ苦しみを誰かが味わうことのないようにするというのもよくある話だ。

私の場合はこうして本やPDFダウンロードサービス「千田琢哉レポート」の執筆をしたり、音声ダウンロードサービス「真夜中の雑談」の収録をしたりすることで復讐を果たしていると言えよう。

読者やリスナーの中には各業界で圧倒的な権力を握る人々も増えてきたため、私の思想に賛同した人が本当に世の中をリアルタイムで変えてくれていて、驚くとともに、感動で胸がいっぱいになる。

組織や業界であなたがトップでないうちは、干される覚悟もないのに本音を言うべ

きではない。

あなたの人生が台無しになるから。

私のように覚悟がある人なら、話は別だが。

33

一流の人が、
他人に
何を言われても
やらなかったこと。

良かれと思って言っても、相手が傷ついたらご臨終。

34
八方美人をしない。

ちょっと衝撃を受けるかもしれないが、一流の世界では人の好き嫌いが激しい。

これはあなたも生きるために働く必要がなくなり、地位も名誉も獲得したら必ずそうなるはずだ。

必ず、である。

私自身も筋金入りの田舎者で愚鈍だという自覚はあったが、まさか自分がこれほどまでに好き嫌いが激しいとは気づかなかった。

成功したから好き嫌いが激しくなるのではなく、成功することによって人は本来の好き嫌いが正直に出せるようになるのである。

シンプルだけど、それだけの話だ。

一流の世界の住人は絶対に八方美人をしない。

もちろん、あえて積極的に敵を作るようにに種をまくことはないが、「こいつ、嫌い」となったら永遠に会わないものだ。

というより、「こいつ、凡人」となったらもう会わない。

善悪を超越して一流とはそういうものである。

これを読んで怒り心頭に発した人は、四流の証《あか》しだ。

四流の世界では好悪を正直に出すのはタブーであり、自分の本心に関係なく八方美人を演じ続けなければならない。

概して弱者とはそういうものであり、これもまた自然の摂理に則っている。

あなたも将来成功すればわかるが、嫌いな人間に愛想笑いをするほど苦しいことはない。

よく考えたら人生は好きな人と好きなことだけをして生きればいいのである。

たとえば世界中の人間がこの世で最も忌み嫌うのは、魅力の乏しい異性と口論になることだ。

この世で魅力の乏しい異性と口論をすることほど人間にとって寿命の無駄遣いはないし、たまに口論になると本当に相手を殺す人間が発生してしまうのはそのためである。

では、反対に世界中の人間がこの世でいちばん好きなことは何か。

もちろん、魅力のあるパートナーとセックスすることだ。

以上の事実を否定する人間は魅力の乏しい異性が自殺しないように嘘をついてあげているに過ぎない。

以上は私がこれまでに出逢った人々に直接確認したことなので、否定のしようがない。

大切なことは自分が忌み嫌うことをせずに、大好きなことだけを堪能できる人生を創造し、その通りに歩むことだ。

一流の世界の住人が滅多に公道をほっつき歩かないのは、四流とすれ違って不快になりたくないからである。

言っておくが、これは冗談ではない。

1秒でも不快を味わいたくないのが一流の住人なのだ。

四流は不快な状態がスタンダードだから何も感じないだろうが、一流は四流のすべてが不快なのである。

四流はテーマパークが大好きかもしれないが、一流にとってテーマパークは四流の世界の研究材料に過ぎない。

自由と平等の国では、一流と四流が同じ行列に並ばされる。

それが一流にとってはスリリングなのだ。

34

一流の人が、
他人に
何を言われても
やらなかったこと。

嫌いな人間とは永遠に会わない。

35 負けを悟っても、つい マウンティングをかまさない。

かつて四流大卒の自称経営コンサルタントが、四流の零細企業に向けてマウンティングの指南をしていた。

商売に差し支えるからなのか、自分の出身大学は死ぬまで明かさなかったようだ。

四流でもマウンティングをかますことによって一流と伍《ご》して戦うのだ、という指導だったのかどうかは定かではないが、彼の顧問先を見ているとそうだったとしか思えない。

似合わない奇抜な服装をし、弱者の分際で偉そうな、敵を増やすとしか思えないトークを展開していた。

その代表的な悪名高き顧問先が東日本大震災とほぼ同時期に民事再生手続をしていたから、笑うに笑えない。

四流の世界でマウンティングがここまで跋扈してしまったのは、その自称経営コンサルタントが直接の原因ではないかもしれないが、ウケが良かったのは間違いないだろう。

なぜなら四流というのはお手軽で即効性のあるものにすぐに飛びつくからである。

早慶旧帝大以上の学歴を獲得したり、仕事の実績を積み上げたりするのは才能も時間も必要だ。

ところがお手軽にマウンティングをかますのは今すぐにでもできる。

ここに四流の落とし穴があるのだ。

一流に向かってマウンティングをかましたら最後、必ず落とし前をつけさせられる。

それも中途半端ではない。

会社を倒産させられる程度では済まされず、死ぬまで生き地獄を覚悟しなければならない。

先ほどの民事再生手続に至った経営者は、もはや廃人のようになっており幽霊同然だ。

本人は虚勢を張っているつもりかもしれないが、実際にはもう死んでいるようなものだ。

経営コンサルタントは「入学大学」がダサければダサいほど態度も声も大きくなるが、これは医師や弁護士など他業界でも同じだろう。

彼ら彼女らは自分が醜くダサいことを自分がいちばん熟知しているからこそ、威張るというお手軽な行為によって尊敬されることの疑似体験をしているのだ。

実際には毎日敵を増やし続けているだけであり、数年後や数十年後に敵の数が数千人、数万人に達した時、彼ら彼女らは殺されたも同然になる。

さすがに数千人や数万人の敵の中にはヤクザもいるだろうし、官僚や敏腕弁護士もいるに決まっているのだから。

マウンティングを癖にするということは、そのくらい恐ろしい習慣なのだ。

最後に私が経営コンサルタント時代の秘密を公開しておこう。

もうずいぶんと時間が経ったので、時効だと思うし。

一流の世界の住人たちが「あの大臣、もうすぐ自殺させられるよ」と噂していたら、本当に数カ月もしないうちに自殺という形で報道された。

一流の世界の住人たちが「あの銀行、消されることが決まったらしいね」と噂していたら、2年もしないうちに消滅してしまった。

いずれもマウンティングが遠因になっていたのだ。

35

一流の人が、他人に何を言われてもやらなかったこと。

マウンティングをかましたら、落とし前をつけさせられる。

36 無断で知人を連れて来ない。

かつて四流大学の教授をしていた人物から、私に会いたいと銀座《ぎんざ》に呼び出されたことがある。

当時の私はブレイクした直後で飛ぶ鳥を落とす勢いの若手作家、相手はすっかり衰弱し切って細々《ほそぼそ》と生きている落ち目の71歳の小男だった。

忙しい中、私が指定された店に行くと小男は小男らしく座ったまま名刺交換し、隣に知らない男を連れて来ていた。

その隣の男とも名刺交換すると、自費出版で悪名高いB社の編集長だったのだ。

「うわー、こいつ、よく俺と会えるよなー」と、のうのうとついて来た彼に感心してしまったが、案の定、自社の評判が悪いことがバレているのを知ると、自分の娘にヴァイオリンを習わせていてお金がかかるだとか、将来は芥川賞《あくたがわしょう》作家ではなく、ノーベル文学賞作家を生むという大きな話をし始めた。

「お前はまず自費出版を卒業することだろ。商業出版をしてみろ」と思ったが、最初から勝負ありなので、そのまま放置しておいたら一人で酔い潰れてしまった。

そいつを連れて来た小男は、実は私と対談本を作りたかったのかもしれない。

落ち目の自分が売れっ子の若手作家と共著を出すことによって、リバイバルを果たしたかったのだろう。

それならそうだと最初からちゃんと言ってくれれば協力してやったのに、素直じゃないというのは本当に損だと思う。

彼に限らず四流の世界では無断で知人を連れて来る輩が異様に多い。

熱心に会いたいとアプローチしてくるから会ってやったのに、知人を連れて来てドヤ顔をしたかっただけだったりする。

要はその知人に「自分はこの人と知り合いだぜー」と自慢したいのだ。

その四流の自慢に一流の相手を利用してしまったという重罪に気づかないという点

が、四流の四流たる所以《ゆえん》である。

四流の人間が「今日は先生にぜひ紹介したい人がいまして」だとか「超一流の人を連れて来ました」と紹介される相手は、絶対、必ず、100%の確率で同じく正真正銘の四流だと相場は決まっているのだ。

四流の社長のかかりつけの医者は100%四流だし、四流の会社の顧問弁護士は100%四流である。

ここに議論の余地はない。

医者だから一流だとは限らないし、弁護士だから一流だとは限らない。同じ医者と言っても1番から30万番までいるし、同じ弁護士と言っても1番から4万番までいるのだ。

プロ野球の世界でも大谷翔平選手とその辺の二軍選手とでは雲泥の差があるように、医者も弁護士もトップとビリとでは想像を絶するほどの差があるということを知っておかないと、取り返しのつかないことになる。

何はともあれ、誰かと会いたいと自分からアプローチした時には、無断で知人を連れて来るべきではない。

こういうのは本来家庭でも躾をすべきなのだが、四流は知らない。

36

一流の人が、
他人に
何を言われても
やらなかったこと。

人を紹介してくる人は、自慢に利用したいだけである。

37

年齢に関係なくあなたより格下の意見は聞かない。

あくまでもこれは一流の世界の話なので落ち着いて読んでもらいたいのだが、一流は格下の意見は聞かない。

というより耳に入らない。

これはあなたも本心では理解できるのではないだろうか。

誰だって本能的には自分が格下と見ている相手の話は聞きたくもないし、そもそも耳に入らないものだ。

一流になって好き放題に生きることができるようになるということは、格下の意見を聞かないで済むということなのだ。

その代わり一流の世界では年功序列という概念が緩い。

年齢に関係なく格が決まっており、若くても一流なら一流、年老いても四流なら四流と見なされる。

ある意味、清々《すがすが》しい世界だ。

私の新入社員の頃の話を告白しよう。

新卒で入社した会社の本部に配属された私は、総務課長に連れられてトップに挨拶に行った。

トップは青山学院大学経営学部卒の、かつて歯に衣着せぬ発言で注目された歌手・やしきたかじんの出来損ないのような顔をした男だったが、同じ人間とは思えないほど広々とした個室にふんぞり返っていたのだ。

それを見た私は「青学卒が50代でこれなら、東北大卒の俺なら30代で同じ個室を獲得できるな」と確信した。

これは負け惜しみだとか、ハングリー精神といった類いのものではなく、地球は丸いのと同じように、ただ素朴にそう頭に浮かんだだけである。

そしてそれはそのまま現実となった。

私は彼に恨みは微塵もなかったし、直接何か嫌がらせをされたわけでもない。

ただ、雄の本能として明らかに自分のほうが格上の遺伝子の持ち主だと確信しただけだ。

実際に私が彼から学んだことは何一つない。

私自身はすでに10代の頃から年齢に関係なく自分よりも格下の意見は聞かない、聞けなかったという単純な話である。

勘違いしてもらいたくないが、年齢に関係なくということは年下でも格上の意見は傾聴するということだ。

四流の世界の住人は概して年功序列であり、格下の年上が威張り散らしている。

ここが一流の世界と四流の世界の決定的に違う点だ。

「人の話は最後までちゃんと聞きなさい！」と学校や家庭で洗脳されたと思うが、18歳を過ぎたらもうそれは忘れてもいい。

いや、忘れるべきだ。

それは自然の摂理に反する行為であり、いずれ精神に異常をきたすだろう。

自然の摂理に従うということは、尊敬できる人の話はとことん聞くべきだが、尊敬できない人の話は聞いてはいけないということだ。

組織で生きる場合にはそんなことは言っていられないだろう。

その場合には適当に聞き流すのが正解だ。

私自身がそうだった。

「このモンチッチ、立教卒のくせによく話すなあ」「このアル中、関大卒なのに自分のこと、利口だと思っているのか？」と想像しながら笑いを堪えていると、目が爛々《らんらん》として真剣に傾聴していると思われたようだ。

37

一流の人が、他人に何を言われてもやらなかったこと。

若くても一流なら一流、年老いても四流なら四流。

38 自分の成功を確認するために、格下の集会に参加しない。

地方だと公立中学の同窓会よりも学力選抜のある高校の同窓会のほうが結束力は強い。

誰も口にせずとも、やはり人は心のどこかに選民思想を持っており、自分よりも明らかに程度の低い連中と同じ空間で呼吸したくないのだろう。

善悪を超越して極めて自然の摂理に則った現象と言える。

いちばんマシなのは大学の同窓会だろうか。

学士会（旧7帝国大学）、如水会《じょすいかい》（一橋《ひとつばし》大学）、蔵前《くらまえ》工業会（東京工業大学）、稲門会《とうもんかい》（早稲田）、三田会《みたかい》（慶應）といった一流大学の同窓会には原則一流未満は一人もいない。

そして一流の空間には一流の情報が飛び交っており、そこで業界や国が動かされることも珍しくないのだ。

これらの事実は一流未満にはあの世に逝っても1次情報を獲得できないだろうが。

新型コロナウイルス禍でのワクチン接種の効能の真偽もニュースで流れる何年も前から、優雅にコーヒーをすすりながらゲットしていることも四流にはわからないだろう。

それはさておき、一流の世界の住人は自分よりも格下の集会には参加しない。

ゲストとしてどうしても断れない場合を除けば、四流の思想や知能に飛沫《ひまつ》感染したくないからだ。

わざわざ自分の成功を確認するために二流の世界の住人は、自ら率先して三流や四流の集会に参加したがるが、そういう醜い発想が一流にはないのだ。

私も中高時代の担任や当時のマドンナから電話やメール、直筆の葉書で同窓会の誘いを頻繁に受けるが、これまでただの一度も参加したことはない。

それどころか返事すらしたこともない。

ごく親しい知人からの情報によると、同窓会では私の噂話で盛り上がることもあるらしいが、そういうのを聞くたびに本当に参加しなくて良かったな、と思う。

10代の頃から私は噂する側ではなく、噂される側の人間になりたいと思っていたし、きっとそうなるだろうと確信していたからだ。

何年か前には某市からうちの観光大使になってくれないかというお誘いもあったが、丁重にお断りした（はずだが、ひょっとしたら返信もしていない可能性がある）。

今、この瞬間を懸命に生きて命を燃やし尽くしている人間は、過去の人間に連絡など取らないものだし、それが強者の証しなのだ。

それに特に地方では中卒は中学の同窓会、高卒は高校の同窓会、大卒は大学の同窓会を心の支えにしている人間も多く、それだけでその人間の人生のピークが見えてしまう。

誠にいやらしい話をするが、県内もしくは地区トップの（自称）進学校に通っていたけれども大学に行けなかった落ち武者、あるいはFラン大学に不本意入学した拗《こじ》らせ人間たちは自分の高校名こそが心の支えであり、中学の同窓会にも顔を出したがる連中が多い。

その理由はもう説明するまでもないだろう。

格下の世界に触れることで、自分はこいつらと比べたらマシだという確認をしておきたいからだ。

翻って、あなたはどうだろうか。

38

一流の人が、他人に何を言われてもやらなかったこと。

過去の人間に連絡など取らないのが強者の証し。

39 本当はおごりたくないのにおごり続けると、全員不幸になる。

私がサラリーマン時代を通してベスト10に入るくらいに貴重だと思える知恵は、「安易におごってはならない」というものだ。


これは私自身の体験というよりも、傍観者として気づかされた貴重な知恵である。

当時の私の直属の上司は裕福な一族のメンバーの一人だった。

本当はサラリーマンなどやらなくても贅沢三昧の生活ができるのに、趣味でサラリーマンをやっていたような人である。

さらに彼は独身だったということもあり、時間とお金を持て余していた。

だから彼は部下にどんどんおごり、部下たちもそれが当たり前と思うようになっていたのだ。

私もいちおう経営者の息子だから、こういう金銭感覚には敏感である。

どのくらい敏感なのかは他人と比較したことがないのでわからないが、その上司のおごり方を見ていて違和感を覚えるほどには敏感だった。

私から見たら同僚や先輩社員たちはよくこう漏らしていたのだ。

「(上司は)どうせ独身でお金が余っているからいいでしょ」

「実家が金持ちだからおごって当然」

私の違和感は時が経つとそのまま具現され、毎年のように部下や先輩社員はその上司を裏切って異動願いを出して他の部署に去っていたのだ。

善悪を超越して私は人間の醜さを学ばせてもらった。

もちろんその上司には酒癖が悪いだとか、長電話がウザいだとか、性格がねちっこいだとかいう欠点もあったが、人はここまで恩知らずでいられるものなのかと人間不信に陥ったのは事実である。

他の部署に異動した連中もその後(私から見ると)幸せになってはおらず、結局のところ全員が不幸になったのだ。

上司は寂しさから散財していたのだろうし、部下たちは上司が大嫌いだから、その程度は当たり前だと考えていたのだろう。

部下たちの心が離れれば離れるほどに、上司は散財する。上司が散財すればするほどに、上司は部下たちに自分の欠点を我慢するよう無意識に強要する。

この負のスパイラルが関わった全員を不幸にしたのである。

あなたにはここまで極端な状況に陥った経験はないかもしれない。

しかし、スケールは違えども当時の私の上司と同じことをやらかしたことはないだろうか。

その上司を反面教師とした私は原則、部下にはおごらなかった。

自分から誘った場合に限りおごったが、余程のお気に入り以外は誘わなかったからほとんどおごっていない。

今考えてもそれは大正解だったと断言できる。

「お前ら如きが俺様とランチをしたければ当然、自腹だろう」という姿勢のほうが、（仕事さえできれば）部下は敬うものだ。

当時「飲みニケーション」をせっせと行っていた連中は、全員めでたく沈没している。

39

一流の人が、
他人に
何を言われても
やらなかったこと。

上司は散財すればするほど、部下に我慢を強要する。

40

たとえ相手が誰であろうと、去る者は死んでも追うな。

あなたは運が良くなりたいだろうか。

運が科学的に良くなるかどうかは知らないが、確実に約束できる生きた知恵ならある。

運を良くしたければ、去る者を追うなということだ。

それも中途半端ではなく、死んでも去る者を追ってはならない。

たとえ相手が誰であろうとも、だ。

最愛のパートナーであろうが、親友だろうが、肉親だろうが、例外はない。

「いや、この人だけは特別だから……」と追いかけたが最後、あなたの運はどんどん

悪くなり、生き地獄に突入してしまうだろう。

もし本気で人生を好転させたければ、周囲の人脈を一掃するしかない。

これ以外の方法はどれも些細《ささい》なことばかりである。

人生を変えたければ、意識を変えることではなく住む場所を変えることなのだ。

住む場所を変えれば人脈を一掃できるし、結果として意識も変わる。

最初から意識を変えようとしても、隣にいる顔ぶれが一緒なら人生は変わらない。

なぜ都会では中高一貫校のお受験をしたがるのか。

それは我が子の住む世界を一変させるためだ。

公立中学にはピンからキリの生徒が通っているが、キリを徹底排除した顔ぶれの中で呼吸させるためである。

キリと同じ空間にいると、我が子までキリになってしまうのを避けたいのだ。

地方では高校受験がそれに該当するだろう。

私自身も筋金入りの地方出身者だが、高校に入学して驚愕《きょうがく》したのはキリが一人もいなくなったことだった。

最低限の選抜試験をくぐり抜けているだけあって、（私の基準で）〝人間〟ばかりになったと感じた。

大学に入学したらさらに選りすぐりのサラブレッドが集まっており、「ああ、人生というのはこうやって変えていくのか……」と全身の細胞で学ばせてもらった。

一流の下限で4年間呼吸したことで、二流以下が近づいてくると一瞬で感知できるようになったものだ。

だから就職先でも転職先でも私は早慶旧帝大以上とは本音を打ち明けても、早慶旧帝大未満をまともに相手にしたことがない。

早慶旧帝大未満が近づいてくると、カチッと頭の中のチャンネルが変わっておバカ専用の自分に変身できた。

以上は誰もいちいち口にしてまで教えてくれないが、一流の世界の暗黙知である。

要は、他人は所詮自分ではないのだから、コントロールできないという当たり前の事実を受容してもらいたいのだ。

あなたから去って行く相手はあなたにとっては不要な人であり、去って行く本人にとってもあなたは不要だと判断したから去って行くのである。

小説を書いたらあなたを主人公とする作品と、去った相手を主人公とする作品ができ上がるだろう。
あなたにはあなたの人生があり、相手には相手の人生があるのだ。
去る者を追わなかった勇者だけに神様から贈られるプレゼントがある。
それは、次の素敵な出逢いだ。

40

一流の人が、他人に何を言われてもやらなかったこと。

あなたから去って行く相手はあなたにとっては不要な人。

学校で教わらなかった
人間関係の極意。
「三流の人には
ちゃんと嫌われましょう」

千田琢哉著作リスト（2023年10月現在）

● アイバス出版
『一生トップで駆け抜けつづけるために20代で身につけたい勉強の技法』

『一生イノベーションを起こしつづけるビジネスパーソンになるために20代で身につけたい読書の技法』

『1日に10冊の本を読み3日で1冊の本を書く ボクのインプット&アウトプット法』

『お金の9割は意欲とセンスだ』
● あさ出版
『この悲惨な世の中でくじけないために20代で大切にしたい80のこと』

『30代で逆転する人、失速する人』

『君にはもうそんなことをしている時間は残されていない』

『あの人と一緒にいられる時間はもうそんなに長くない』

『印税で1億円稼ぐ』

『年収1,000万円に届く人、届かない人、超える人』

『いつだってマンガが人生の教科書だった』

『君が思うより人生は短い』
● 朝日新聞出版
『人生は「童話」に学べ』
● 海竜社
『本音でシンプルに生きる!』

『誰よりもたくさん挑み、誰よりもたくさん負けろ!』

『一流の人生　人間性は仕事で磨け!』

『大好きなことで、食べていく方法を教えよう。』
● Gakken
『たった2分で凹みから立ち直る本』

『たった2分で、決断できる。』

『たった2分で、やる気を上げる本。』

『たった2分で、道は開ける。』

『たった2分で、自分を変える本。』

『たった2分で、自分を磨く。』

『たった2分で、夢を叶える本。』

『たった2分で、怒りを乗り越える本。』

『たった2分で、自信を手に入れる本。』

『私たちの人生の目的は終わりなき成長である』

『たった2分で、勇気を取り戻す本。』

『今日が、人生最後の日だったら。』

『たった2分で、自分を超える本。』

『現状を破壊するには、「ぬるま湯」を飛び出さなければならない。』

『人生の勝負は、朝で決まる。』

『集中力を磨くと、人生に何が起こるのか?』

『大切なことは、「好き嫌い」で決めろ!』

『20代で身につけるべき「本当の教養」を教えよう。』

『残業ゼロで年収を上げたければ、まず「住むところ」を変えろ!』

『20代で知っておくべき「歴史の使い方」を教えよう。』

『「仕事が速い」から早く帰れるのではない。「早く帰る」から仕事が速くなるのだ。』

『20代で人生が開ける「最高の語彙力」を教えよう。』

『成功者を奮い立たせた本気の言葉』

『生き残るための、独学。』

『人生を変える、お金の使い方。』

『「無敵」のメンタル』

『根拠なき自信があふれ出す! 「自己肯定感」が上がる100の言葉』

『いつまでも変われないのは、あなたが自分の「無知」を認めないからだ。』

『人生を切り拓く100の習慣』

【マンガ版】『人生の勝負は、朝で決まる。』

『どんな時代にも通用する「本物の努力」を教えよう。』

『「勉強」を「お金」に変える最強の法則50』

『決定版 人生を変える、お金の使い方。』
● KADOKAWA
『君の眠れる才能を呼び覚ます50の習慣』

『戦う君と読む33の言葉』
● かや書房
『人生を大きく切り拓くチャンスに気がつく生き方』

『成功者は「今を生きる思考」をマスターしている』
● かんき出版
『死ぬまで仕事に困らないために20代で出逢っておきたい100の言葉』

『人生を最高に楽しむために20代で使ってはいけない100の言葉』

『20代で群れから抜け出すために顰蹙を買っても口にしておきたい100の言葉』

『20代の心構えが奇跡を生む【CD付き】』
● きこ書房
『20代で伸びる人、沈む人』

『伸びる30代は、20代の頃より叱られる』

『仕事で悩んでいるあなたへ 経営コンサルタントから50の回答』
● 技術評論社
『顧客が倍増する魔法のハガキ術』

● KKベストセラーズ
『20代 仕事に躓いた時に読む本』
『チャンスを掴める人はここが違う』
● 廣済堂出版
『はじめて部下ができたときに読む本』
『「今」を変えるためにできること』
『「特別な人」と出逢うために』
『「不自由」からの脱出』
『もし君が、そのことについて悩んでいるのなら』
『その「ひと言」は、言ってはいけない』
『稼ぐ男の身のまわり』
『「振り回されない」ための60の方法』
『お金の法則』
『成功する人は、なぜ「自分が好き」なのか?』
● 実務教育出版
『ヒツジで終わる習慣、ライオンに変わる決断』
● 秀和システム
『将来の希望ゼロでもチカラがみなぎってくる63の気づき』
● 祥伝社
『「自分の名前」で勝負する方法を教えよう。』
● 新日本保険新聞社
『勝つ保険代理店は、ここが違う!』
● すばる舎
『今から、ふたりで「5年後のキミ」について話をしよう。』

『「どうせ変われない」とあなたが思うのは、「ありのままの自分」を受け容れたくないからだ』
● 星海社
『「やめること」からはじめなさい』
『「あたりまえ」からはじめなさい』
『「デキるふり」からはじめなさい』
● 青春出版社
『どこでも生きていける 100年つづく仕事の習慣』
『「今いる場所」で最高の成果が上げられる100の言葉』
『本気で勝ちたい人は やってはいけない』
『僕はこうして運を磨いてきた』
『「独学」で人生を変えた僕がいまの君に伝えたいこと』
● 清談社Publico
『一流の人が、他人の見ていない時にやっていること。』
『一流の人だけが知っている、他人には絶対に教えない この世界のルール。』
『一流の人が、他人に何を言われても やらなかったこと。』
● 総合法令出版
『20代のうちに知っておきたい お金のルール38』
『筋トレをする人は、なぜ、仕事で結果を出せるのか?』
『お金を稼ぐ人は、なぜ、筋トレをしているのか?』
『さあ、最高の旅に出かけよう』
『超一流は、なぜ、デスクがキレイなのか?』
『超一流は、なぜ、食事にこだわるのか?』
『超一流の謝り方』
『自分を変える 睡眠のルール』
『ムダの片づけ方』
『どんな問題も解決する すごい質問』
『成功する人は、なぜ、墓参りを欠かさないのか?』
『成功する人は、なぜ、占いをするのか?』
『超一流は、なぜ、靴磨きを欠かさないのか?』
『超一流の「数字」の使い方』
● SBクリエイティブ
『人生でいちばん差がつく20代に気づいておきたいたった1つのこと』
『本物の自信を手に入れるシンプルな生き方を教えよう。』
● ダイヤモンド社
『出世の教科書』
● 大和書房
『20代のうちに会っておくべき35人のひと』
『30代で頭角を現す69の習慣』
『やめた人から成功する。』
『孤独になれば、道は拓ける。』
『人生を変える時間術』
『極 突破力』
● 宝島社
『死ぬまで悔いのない生き方をする45の言葉』
【共著】『20代でやっておきたい50の習慣』
『結局、仕事は気くばり』
『仕事がつらい時 元気になれる100の言葉』
『本を読んだ人だけがどんな時代も生き抜くことができる』
『本を読んだ人だけがどんな時代も稼ぐことができる』
『1秒で差がつく仕事の心得』
『仕事で「もうダメだ!」と思ったら最後に読む本』
● ディスカヴァー・トゥエンティワン
『転職1年目の仕事術』
● 徳間書店
『一度、手に入れたら一生モノの幸運をつかむ50の習慣』
『想いがかなう、話し方』
『君は、奇跡を起こす準備ができているか。』
『非常識な休日が、人生を決める。』
『超一流のマインドフルネス』
『5秒ルール』

『人生を変えるアウトプット術』

『死ぬまでお金に困らない力が身につく25の稼ぐ本』

『世界に何が起こっても自分を生ききる25の決断本』

『10代で知っておきたい 本当に「頭が良くなる」ためにやるべきこと』
● **永岡書店**
『就活で君を光らせる84の言葉』
● **ナナ・コーポレート・コミュニケーション**
『15歳からはじめる成功哲学』
● **日本実業出版社**
『「あなたから保険に入りたい」とお客様が殺到する保険代理店』

『社長!この「直言」が聴けますか?』

『こんなコンサルタントが会社をダメにする!』

『20代の勉強力で人生の伸びしろは決まる』

『ギリギリまで動けない君の背中を押す言葉』

『あなたが落ちぶれたとき手を差しのべてくれる人は、友人ではない。』

『新版 人生で大切なことは、すべて「書店」で買える。』
● **日本文芸社**
『何となく20代を過ごしてしまった人が30代で変わるための100の言葉』
● **ぱる出版**
『学校で教わらなかった20代の辞書』

『教科書に載っていなかった20代の哲学』

『30代から輝きたい人が、20代で身につけておきたい「大人の流儀」』

『不器用でも愛される「自分ブランド」を磨く50の言葉』

『人生って、それに早く気づいた者勝ちなんだ!』

『挫折を乗り越えた人だけが口癖にする言葉』

『常識を破る勇気が道をひらく』

『読書をお金に換える技術』

『人生って、早く夢中になった者勝ちなんだ!』

『人生を愉快にする! 超・ロジカル思考』

『こんな大人になりたい!』

『器の大きい人は、人の見ていない時に真価を発揮する。』
● **PHP研究所**
『「その他大勢のダメ社員」にならないために20代で知っておきたい100の言葉』

『お金と人を引き寄せる50の法則』

『人と比べないで生きていけ』

『たった1人との出逢いで人生が変わる人、10000人と出逢っても何も起きない人』

『友だちをつくるな』

『バカなのにできるやつ、賢いのにできないやつ』

『持たないヤツほど、成功する!』

『その他大勢から抜け出し、超一流になるために知っておくべきこと』

『図解「好きなこと」で夢をかなえる』

『仕事力をグーンと伸ばす20代の教科書』

『君のスキルは、お金になる』

『もう一度、仕事で会いたくなる人。』

『好きなことだけして生きていけ』
● **藤田聖人**
『学校は負けに行く場所。』

『偏差値30からの企画塾』

『「このまま人生終わっちゃうの?」と諦めかけた時に向き合う本。』
● **マガジンハウス**
『心を動かす 無敵の文章術』
● **マネジメント社**
『継続的に売れるセールスパーソンの行動特性88』

『存続社長と潰す社長』

『尊敬される保険代理店』
● **三笠書房**
『「大学時代」自分のために絶対やっておきたいこと』

『人は、恋愛でこそ磨かれる』

『仕事は好かれた分だけ、お金になる。』

『1万人との対話でわかった 人生が変わる100の口ぐせ』

『30歳になるまでに、「いい人」をやめなさい!』
● **リベラル社**
『人生の9割は出逢いで決まる』

『「すぐやる」力で差をつけろ』

千田琢哉(せんだ・たくや)

愛知県生まれ。岐阜県各務原市育ち。文筆家。東北大学教育学部教育学科卒。日系損害保険会社本部、大手経営コンサルティング会社勤務を経て独立。コンサルティング会社では多くの業種業界におけるプロジェクトリーダーとして戦略策定からその実行支援に至るまで陣頭指揮を執る。のべ3,300人のエグゼクティブと10,000人を超えるビジネスパーソンたちとの対話によって得た事実とそこで培った知恵を活かし、"タブーへの挑戦で、次代を創る"を自らのミッションとして執筆活動を行っている。

著書は本書で178冊目。音声ダウンロードサービス「真夜中の雑談」、完全書き下ろしPDFダウンロードサービス「千田琢哉レポート」も好評を博している。

一流《いちりゅう》の人《ひと》が、他人《たにん》に何《なに》を言《い》われても
やらなかったこと。
人生《じんせい》の価値《かち》を決《き》める「秘密《ひみつ》の行動基準《こうどうきじゅん》」40

2023年10月12日　第1刷発行

著　者　千田琢哉《せんだたくや》

ブックデザイン　小口翔平＋村上佑佳（tobufune）
本文DTP　サカヨリトモヒコ

発行人　畑 祐介
発行所　株式会社 清談社Publico
〒102-0073
東京都千代田区九段北1-2-2 グランドメゾン九段803
Tel. 03-6265-6185　Fax. 03-6265-6186

印刷所　中央精版印刷株式会社

ISBN 978-4-909979-52-0 C0030

清談社
Publico

http://seidansha.com/publico
X @seidansha_p
Facebook http://www.facebook.com/seidansha.publico

清談社
Publico

千田琢哉の好評既刊

一流の人が、他人の見ていない時にやっていること。

最後に生き残る人の「秘密の習慣」40

あの人は、なぜ涼しい顔をして結果を出し続けられるのか？
毎日の習慣術、時間の使い方、お金の使い方、大人の勉強術、人間関係術……著書累計330万部突破のベストセラー作家がその共通点を初公開。

ISBN978-4-909979-07-0　定価：本体 1300 円+税